人大附中

主编 王艳

汉字春秋

汉字里的中国文化

王 强 著

中国人民大学出版社

· 北京 ·

人大附中系列丛书编委会

刘小惠	王晓楠	周建华	崔艳阳	许作良
李 颖	于秀娟	钟兰芳	马 晴	梁丽平
黄群飞	卢海军	李 桦	张卫汾	王志鹏
胡继超	邹明健	佟世祥	吴 凌	吴中才
孙 芳	刘景军	刘永进	贺 新	闫新霞
梁月婵	闫桂红	张 帅	唐艳杰	彭 伟
李作林	武 迪	陈 华	万 丹	冯树远

目录

【序章：】

六书篇

读书必先识字。

中文的灵魂在汉字，读书所得多少，关键在于认知汉字的深浅。所谓"识字"，第一层境界是辨字形、明字义、识字音；第二层境界则是了解造字的原理，知其然更知其所以然。我们每天都在阅读汉字、书写汉字，或者用电脑输入汉字，但是，有时汉字却是一位最熟悉的陌生人。

别的不说，就说"文"和"字"这两个字吧，文字为何被称为"文字"呢？其实，"文"指的是独体字，"字"指的是合体字。

"文"这个字由两组交叉线条组成。好多石器时代的瓶瓶罐罐，上面都有交叉线一类的纹饰，"文"最初的意思就是文饰、装饰。而文字正是从纹饰、符号慢慢演化而来的，所以用"文"指文字。最初的文字一般都是独体字。

石器时代的陶器

"字"的外面是一座房子，里面是一个小孩，本意是养育小孩。柳宗元在《种树郭橐驼传》里说，官吏繁政扰民，比如督促百姓"字而幼孩"，即养育好自己家的孩子。"字"进而引申出孕育、繁衍的意思。独体字组合起来，就产生了新的合体字。可以说，合体字正是被繁衍、滋生出来的，无穷无尽，生生不息。因此用"字"指合体字。

独体为文，合体为字。合而言之，"文字"泛指一切文字。

汉字是有纵深、有生气的，所谓"识字"，不应止于认识字，更要学习文字中深层的意蕴，譬如其造字的原理、相关的文化、寄托的哲理等。

汉字的发展，经历了甲骨文、金文、大篆、小篆等阶段。我们要了解汉字的发展历史、字形构造、文化精神，最适合从小篆入手①。文字学家姜亮夫先生曾经说："汉文字的一切规律，全部表现在小篆形体之中，这是自绘画文字进而为甲文金文以后的最后阶段，它总结了汉字发展的全部趋向、全部规律，也体现了汉字结构的全部精神。"以小篆为本，参考甲骨文、金文等更为古老的字体，是本书讲解汉字的基本思路。

另外，今天我们研究小篆，离不开两千年前的一部奇书——东汉许慎编著的《说文解字》。许慎这个人，号称"五经无双"，即精通儒家的五部经典——《诗经》《尚书》《礼记》《易经》《春秋》。一般人通一经就已经很厉害了，许慎能够精通"五经"，关键就在于精通文字之学。在许慎看来，要搞清楚经书中每章每句的义理，必先研究其文字的确切含义。反过来说，精通了文字，读通经典则是水到渠成。这就好比一位武林高手，打通了任督二脉，练就了无敌内功，学什么外家招数都快。

许慎将汉字依小篆分为540个部首，归类整理，再对造字的原理、文字的含义加以阐释。许慎还将汉字的造字之法归纳为六种，称之为"六书"。"六书"的提法，《周礼》中就已经有了。

《周礼》记载："而养国子以道，乃教之六艺：一曰五礼，二曰六

---

① 本书古文字配图，凡未注明字体者皆为小篆，甲骨文、金文、古文等其他字体另有标注。

乐，三曰五射，四曰五御，五曰六书，六曰九数。"

　　这是说当时的贵族子弟要学习六种技能，称为"六艺"。其中第五艺就是"六书"，不过其具体为何则不详。到了东汉，班固作《汉书》，指出"六书"的名目分别是象形、象事（指事）、象意（会意）、象声（形声）、转注、假借，并指出，所谓"六书"其实是造字之法。然而班固也仅仅点出名目而已，直到许慎作《说文解字》，才算是把"六书"讲明白了。

　　许慎《说文解字》中"六书"的定义与举例如下：

　　　　一曰指事。指事者，视而可识，察而见意，上下是也。
　　　　二曰象形。象形者，画成其物，随体诘诎，日月是也。
　　　　三曰形声。形声者，以事为名，取譬相成，江河是也。
　　　　四曰会意。会意者，比类合谊，以见指㧑，武信是也。
　　　　五曰转注。转注者，建类一首，同意相受，考老是也。
　　　　六曰假借。假借者，本无其字，依声托事，令长是也。

　　看起来比较复杂，但不要怕，现在我们来通俗地逐条讲解。不过，讲解的顺序要稍作调整。

象　形

　　所谓象形，就是对事物的轮廓加以勾勒，突出其特征，譬如"日"

日、月

和"月"。太阳为圆，故而"日"字就是画个圈。中间加一横表示"太阳之精"，即太阳的能量源。后来，为了书写方便，改圆笔为方笔，这个"日"就改成了方形。月亮其实也是圆的，这一点古人是知道的，但是也画作圆形不免与"日"字混淆。考虑到月相常亏，所以"月"写个残圆，突出它的特点，使人一看即知。

表示动物的汉字大多是象形字。如"马"，表现的是马奔跑的形态，不仅四蹄舒展，马尾轻扬，而且后颈的鬃毛随风飘动，可谓生动传神。正所谓"竹批双耳峻，风入四蹄轻"。再如"羊"，只勾勒头部，以两只羊角来突出羊的特征，可见象形字未必要画出事物的全体，也有以局部表示整体的。

马、羊

指　事

所谓指事，往往是在象形字上加些标记符号，来表示象形字难以表现的字义。譬如"上"和"下"，先画一条线，以此象征水平线，在上面添置符号则指上，在下面添置符号则指下。有时这一符号作"丨"，有时这一符号作"一"。这个符号无实意，只是做个标记。所以古代的"上"字有写作"丄"的，也有写作"二"的。在文字中看见"二"这个部件，可未必指数字二，很有可能是上天、上面之类的意思。比如"示"，就是上天垂下征兆的意思。

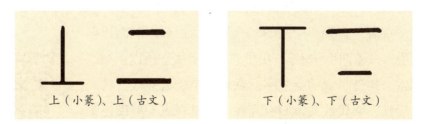

上（小篆）、上（古文）　　　　　下（小篆）、下（古文）

又如，想表示刀刃的意思，怎么造字才能使人明白这个字指的是刀的刃而不是整把刀呢？那就在"刀"的刀刃处加个标记符号。又如"本"和"末"，则在"木"的底部和顶部加横线符号，分别表示树根和树梢，继而又分别引申为根本和末节。

刃、本、末

会　意

所谓会意，就是组合两个以上的独体字来表示新的意义。譬如"武"，上面是一个"戈"，下面是一个"止"，意思是"止戈为武"。武力的最高境界是以战止战，实现和平。再比如"信"字，一个单人旁，加一个"言"，表示人说了话就要算数，这就叫诚信。

武、信

北京门头沟有个爨底下村，是个旅游景点。这个"爨"字，上面是两只手端着一口锅，中间的"冖"表示灶台，下面还有两只手，拿着两个"木"，在往"火"上丢。所以，"爨"是由六个构件组成的会意字，意思就是烧火煮饭，后来引申为灶。明代散文家归有光在《项脊轩志》里说他家"诸父异爨"，就是指叔叔伯伯们分灶而食，不在一口锅里吃饭了。古代人分灶就是分家。

还有的会意字，是由同一个独体字复合而成的。如"从"，字形即一个人跟着另一个人，表示跟从的意思。把"从"字水平翻转，是"比"字，形象是一个人挨着另一个人，意思是亲近，之后还引申出勾结的意思。君子要"周而不比"嘛，就是要公正地待人，不要以私利相勾结。那么两个人背对背呢？那就是"北"，意思是背对、背离。古代君王坐北朝南，久而久之，君王背对的方向就称为"北"。这三个字，都由两个"人"字组成，但是组合的方式不同，字义也随之不同。

从、比、北

形 声

所谓形声，即表义构件与表音构件组合成字。如"江""河"，字形都是左边表义、右边表音。不过，这并不代表遇到形声字就可以念字念半边，有时该字与声旁同音，有时只是读音相近。另外还有语音发展变化的问题，比如古代"江""工"音近，如今两字读音则相差甚远。

形声字的结构布局是很灵活的，声旁有时在右边（如"河"），有时在左边（如"功"），有时在上边（如"忘"），有时在下边（如"草"），有时在外边（如"问"），有时在里边（如"匾"）。

一般来说，形声字的声旁是不参与表义的，但是有一种特殊现象，称为"形声兼会意"，就是该字的声旁不仅表音，还兼具表义功能。譬如"婚"字，"女"旁表义，因为"婚"就是迎娶女子的礼仪，"昏"则表音，同时还表义，因为上古时期的婚礼在黄昏时举办。

又如"女红（gōng）"一词，指旧时女子所做的针线活儿。"红"中"纟"表义，即缝补织绣一类的活儿，当然要有丝线；"工"一方面表音，另一方面表示"做工"这个意思。

《说文解字》中有八成是形声字，而今天的汉字则有九成是形声字。可以说，形声字是占比最大的一类字，而形声造字法则是最具活力的造字法，这一点我们看元素周期表即可理解。氢氦锂铍硼、碳氮氧氟氖，元素名称的一边无非气、金、石、水，表示各自的性质，另外一边则用来表音。

说到元素周期表，就必须说一件好玩的事。明太祖朱元璋给后代子孙定下了取名的规则，要求其名字的最后一个字的部首必须依据五行来取，木生火、火生土、土生金、金生水、水生木，所以朱元璋的儿子们取名是木字旁，孙子辈则是火字旁。比如朱元璋的太子叫作朱标，太孙叫作朱允炆。明成祖叫作朱棣，继位的明仁宗叫作朱高炽。再往后呢，接下来的皇帝是朱瞻基，继而是朱祁镇，朱祁镇的儿子是朱见深。恰好是一个木火土金水的循环，最后一个字都是形声字。

这种五行相生的顺序，代表着"子子孙孙，无穷匮也"。到了明朝后期，朱家子孙越来越多，常见字早已用尽，便开始向冷门字下手，比如钯、钴、铬、铌等冷僻字都被翻了出来。等到清代末期，元素周期表传入中国时，化学家徐寿要将其翻译为中文，便从朱家子孙的名字里找到了灵感。其大部分的字都是形声字，其形旁恰好可以体现元素的性质。于是，徐寿将朱元璋子孙们的名字编入了元素周期表。

假　借

　　方言中常常有"有音无字"的现象，能说其音，不能写其字。文字的产生往往滞后于语音的发展，新的词语产生了，未必立刻就有新造的字来作为它的书写符号。于是，古人就想出了假借的办法来解决这个问题。假借不造字，而是找一个同音字寄托其意义。

　　比如说，人们自称"wǒ"，但是并没有为此而造新字。正好有一种类似长柄斧的武器，叫作"我"，与表示自称的"wǒ"同音，于是就用"我"来表示第一人称代词，这就是假借。假借之后，"我"的本义慢慢地丢失了。又如"汝"，本义为一条河流的名字，被假借为第二人称代词，后来这个意思又去借了"女"来表达，所以文言文中"汝""女"都有"你"的意思。

　　有的假借似乎是有道理可讲的，比如"自"，本义是鼻子，被借去表达"自己"。因为人们说自己的时候往往下意识地自指鼻子，所以以"自"来表示"自己"。但是更多的假借无迹可寻，无非是先有其音，后借其字。比如"西"，本义是鸟窝，被借去表达"西方"。再比如"它"，看其字形，好像一条立起来的蛇。上古时期人们住在山洞、地穴、草木之中，常有蛇出没，于是大家见面打招呼就问："无它乎？"意思是"您今天没被蛇咬吧？"，后来"它"被假借为第三人称代词。

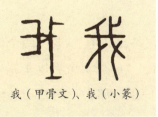

我（甲骨文）、我（小篆）

女、它

西

有的字被假借作他义，而本义丧失，于是另造他字表示本义。比如"它"被假借之后，另造"蛇"字表示蛇；有的字被假借后本义仍在，该字就成为多义字，比如"女"既有"你"的意思，也可指女子。

许慎对假借的定义是没有问题的，但是他举的例子"长"和"令"却有争议。"长"本义为长者，引申为官吏；"令"本义为发号施令，引申为官吏。这两个字都属于字义被引申，与假借"依声托事"是不同的。中学课本里常说的通假和假借不是一回事，通假不是一种造字法，而是一种用字法。

转 注

前面五种造字的方法明明白白、清清楚楚，但是第六种造字法转注就比较模糊了。"建类一首，同意相受"，短短八个字，古来众说纷纭。南唐的徐铉、徐锴两兄弟对《说文解字》的研究贡献很大，曾对此书加以校订、注释。按照徐锴的看法，转注就是部首相同、字义相同的异体字，比如"考""老"，都是老的意思，只是写法有所不同。

考、老

清代大学者段玉裁则认为转注不是造字法，而是《说文解字》中的注解法。《说文解字》"考"字条目下的注解正是"老也"，而"老"字的注解是"考也"。可见转注即同一部首的两个字相互解释。

那么转注到底是什么？遗憾的是许慎仅仅举出"考""老"两个例子，语焉不详，今人无法有确切的定论。不过，文字学大家裘锡圭先生说，搞不懂转注完全不耽误我们弄明白造字原理，那么我们就不必纠结了。

　　以上便是《说文解字》所讲的"六书"。古人有"四体二用"的说法，即前四种为汉字造字的根本方法，后两种则为次生方法。实际上，转注是否算一种造字方法是不好给出定论的。

　　搞懂了"六书"，就好比拿到了一把钥匙，接着便可以打开汉字世界的大门。

【第一讲：】

天象篇

我们先来研究表示天象的汉字。为什么从天象开始呢？因为古人讲究"天人合一"，讲究"推天道以明人事"，人间的秩序与法则得诸天，人生的智慧也得诸天。伏羲氏通过"仰观天文，俯察地理"，造出八卦的符号。造字也不例外，日月星辰，寒来暑往，给了先民造字无尽的灵感。

一

《说文解字》收录的第一个字是"一"。客观来讲，最初造"一"很可能就是一个简单的计数符号，画一条线是一，画两条线是二，如此而已。不过，人们后来赋予了"一"思想内涵。

《说文解字》中释"一"说："惟初太始，道立于一，造分天地，化成万物。"就是说，在一切产生之前的"太始"阶段，宇宙就是"一"。用今天的话来讲，就是大爆炸之前，那时天地未分，处于混沌之中。后来清气上升，浊气下降，分化出天地，继而产生了万物。

正如《道德经》中说："道生一，一生二，二生三，三生万物。"无形的道生出有形的一，一分为阴阳，是为二。阴阳磨荡，于是生出三。三三交汇，彼此感应，于是有星辰、山川、草木、鸟兽、男女之类。所以，这个简简单单的"一"，不单单是数字的起始，更是宇宙的发端。

此外，"一"还是一种重要的政治理念。战国时梁惠王请教孟子天下如何才能安定，孟子回答说"（天下）定于一"。这里的"一"是统一的意思。唯有"一"能终止纷乱，推行王道，实现大同理想。所以，追求统一，可谓源远流长。

天

"一"分为二，就有了天与地。"天"的本义并不是天空。"天"字下面是一个"大"，象征正面站立的人。上面是一个"一"，代表头部。甲骨文的"天"，上面干脆就是个大脑袋。所以"天"的本义，《说文解字》认为是"颠"，颠就是头顶，也可以指头。

《山海经》中有个叫刑天的神，与天帝争位失败，被天帝砍了头，他就以乳为眼，以脐为口，继续挥舞着武器与天帝战斗。陶渊明《读山海经》诗中咏这位英雄道："刑天舞干戚，猛志固常在。"赞叹刑天不服输的骨气。其实，这位神本来无名，后来因为被砍头，由此被命名为"刑天"。"刑"的意思是杀，"天"的意思是头。"刑天"之名，正是说他被砍了头。

后来字义演化，这个"一"指头顶上的空间，即广阔的天空。中国人有敬天的思想。冯友兰总结过，中国文化中的天有五种含义：

"曰物质之天，即与地相对之天。曰主宰之天，即所谓皇天上帝有人格的天、帝。曰运命之天，乃指人生中吾人所无奈何者……。曰自然之天，乃指自然之运行……。曰义理之天，乃谓宇宙之最高原理。"

所以，中国人的敬天，并不是迷信某种具象化的神明，更多的是对自然、对道德、对真理的敬畏，以及对生命的达观。譬如说，孔子自道"五十而知天命"，这里的"天命"，即指客观的命运。孔子年到半百，领悟到人生的种种成败，常常不能以人力为转移，所谓"知天命"，即与自身命运和解，从容处世，顺应自如。

天（小篆）、天（甲骨文）

示

在古人看来，天通过呈现一些自然现象来指导人事，这就叫作"示"。"示"字上面的"二"是"上"的异体写法，代表着头上的苍天。下面的三条垂线，代表着日、月、星。古人有"天人感应"的思想，认为上天以日、月、星的变化垂示人间，预示人事的吉凶。

比如，最早记录哈雷彗星的文献是《春秋》，书中记载："秋七月，有星孛入于北斗。""星孛"即哈雷彗星，当年七月侵入北斗区域。当时的人就预测："不出七年，宋、齐、晋之君皆将死乱。"果然，彗星见后的第三年，宋昭公被杀害；第五年，齐懿公戮人尸、夺人妻，被手下刺杀；第七年，晋灵公因为迫害赵盾，被赵盾弟赵穿杀死。那么这到底是一种巧合，还是后来作史书的人增添附会——先有其事后编预言，那就不好说了。

由"示"的造字意图可知它是一个会意字。"示"是上天的神迹，而"礻"旁的字，比如祭、祝、福、祸等，往往与神明一类的事相关，这些字我们将在"礼乐篇"细细说来。

日

"日"这个字是一个象形字，一个圆象征太阳的轮廓，中间的"一"象征"太阳之精"，用现在的话讲，就是太阳的能量源。这一横有时候也写作"·"，或者是画作曲线。也有的学者认为，这个"一"是使"日"字区别于"口"的符号，不见得有意义。不过没关系，很多事都是先有其事，后来在阐释中被赋予意义，这不代表着这个意义没有意义。

"日"下加"一"，构成了"旦"，象征着太阳从地平线升起，即天明。"元旦"，那就是新年头一个太阳升起的日子。"元旦"是自古就有的节日，并不是推行公历之后才有的。古代"元旦"即农历正月初一，也叫"元日"。宋代王安石有《元日》诗：

> 爆竹声中一岁除，春风送暖入屠苏。
> 千门万户曈曈日，总把新桃换旧符。

"旦日"连用，在文言文中指明天。比如《鸿门宴》中，项羽听说刘邦想要占据关中称王，大怒命令"旦日飨士卒，为击破沛公军"，就是说明天全体吃饱饭，准备与沛公决战。

景

日光称为"景"，这是一个形声字，下面的"京"无义，表音。《岳阳楼记》中"春和景明"的"景"即指的是日光。曹植诗有"惊风飘白日，光景驰西流"句。这里"光景"就是日光。光景西流，就是日光西去，时光流逝。所以后来"光景"又引申出时间的意思。

在古代，"景"有日光的意思，也有影子的意思。陈胜、吴广起义的时候，天下人"赢粮而景从"，就是说大家痛恨秦朝的统治太久了，现在自己背着粮食，像影子一样追随陈胜、吴广去推翻秦朝。后来，晋代的道士葛洪在"景"的旁边加上"彡"，造出来"影"字，表示阳光照射物体投下的阴影，生动又形象。从此"景"和"影"就

区别开了。

此外，"景"还有"大"的意思。太阳至大，无所不照，故而"景"引申出"大"的意思。比如魏征在《谏太宗十思疏》中说"凡百元首，承天景命"，就是说皇帝要顺承上天宏大的使命。

暴

这个字今天多作"凶暴、暴力"的意思讲，但最初它是晒太阳的意思，读 pù。这是一个会意字，中间是两只"手"，底下是一个"米"，上面是一个"出"加一个"日"，会意为两手拿着米，出来晒一晒。

农人晒米，文人晒书。古代七夕这天，不仅有乞巧之类的活动，还有"暴书"的习俗，就是冬天过完以后把书拿出来晒晒，免得发霉烂掉。《世说新语》记载有个叫郝隆的家伙，七月七日这天跑出来仰天高卧。人家说你这干啥呢，他笑笑说："我晒晒腹中的诗书！"

夏日的太阳很烈，乃至于灼人，于是"暴"就有了"凶猛、猛烈"的意思。时间久了，人们就又造了一个"曝"字表达日晒的意思，"暴"专指暴力。"暴"进而又引申出露在外面的意思。比如苏洵《六国论》中有"暴霜露，斩荆棘"的说法，就是说六国的祖先开创国家的时候，暴露在风霜雨雪之中，披荆斩棘，创业艰难。

晨

"一日之计在于晨"，"晨"是一日的开始。"晨"的意思是"昧爽"，也就是黎明。"晨"本应写作"晨"，上面不是"日"，而是"臼"——拿东西的两只手。下面的"辰"字，是一种犁地农具的形象，类似于犁。所以"晨"是一个会意字，手持农具下地干活的时辰就是"晨"。没有办法，白天太晒，夜里太黑，早晨这点时间真是种地的黄金时段。古代人说"晨"天然具有教育意义，使人一看到就想着要勤勉些，不要偷懒。

陶渊明说："晨兴理荒秽，草盛豆苗稀。"讲自己辞官做了隐士之后，就要自己种地养活自己，一大清早就要起来除草耕作。然而这么勤劳，田间地头还是全是杂草，正经的豆苗却稀稀拉拉。古代没有农药，杂草长得很疯狂，打理田地是非常辛苦的。所以，隐居这件事，说说是容易的，真做起来可不容易。

今天为什么把"晨"写作"晨"呢？实际上，"晨"是另一个字，它是某个星宿的名称。后来在传写的过程中，"晨"被误写作"晨"——恐怕是"晨"字写起来也容易些，"晨"上有"日"，字理上也还说得通。久而久之，就用"晨"表示早晨了。

晨、辰（甲骨文）

犁

莫

有一次孔子让弟子们谈谈自己的志向，子路、冉有等几个弟子先后畅谈了治国安邦、为官从政的远大理想，到最后一位弟子曾皙，他却不紧不慢地说道："莫春者，春服既成，冠者五六人，童子六七人，浴乎沂，风乎舞雩，咏而归。"大意是说，我的理想就是在草长莺飞的暮春时节，跟几个好朋友，到河里洗洗澡，吹吹风，唱唱歌。《论语》这书给人的感觉是端庄肃穆的，到处是教人做人的格言警句，这几句话却堪称一流的散文诗，使《论语》平添了诗意。这里"莫春者"的"莫"，一般认为是通假字，通"暮"，这在文言文中是很常见的通假。"莫春"就是晚春，气温已经回暖，春装已经穿定。

实际上，"莫"的本义就是日暮，"暮"才是后起字。"莫"的字形是"日"落入草丛中，象征夕阳西下的傍晚。后来"莫"被假借为"不要"的意思，人们才又添加形旁"日"，造出了"暮"字。所以，"暮"中就有两个太阳了，严格说来表义是重复的。

时（時）

"时"（時）的本义是时节、季节。后来"时"引申为时间、时代、时势的意思。

《论语》中有"使民以时"的说法，是说统治者发动战争、修建工程最好在农闲季节，不耽误生产。《孟子》里还说"斧斤以时入山林，材木不可胜用也"，是说伐木要选择适宜的季节，不要乱砍滥伐，这是比较早的可持续发展观。

"时"右边本来为"寺","寺"的本义不是寺庙，而是官署、衙门，比如古代有大理寺，掌诉讼刑狱。"寺"的下面是一个"寸"，表明朝廷官署要讲求分寸法度。"时"以"寺"为偏旁，一方面是以"寺"表音（时、寺音近），另一方面取"寺"遵循法度的含义，表示四时变化是有规律的。

月

说完了与"日"相关的字，再来看看与"月"相关的字。"月"是一个象形字，表现一弯残月的样子。月有阴晴圆缺，实则是地、月、日位置变化所致。早至汉代的文献，已有关于"日照月，月光乃生"的记载，已经懂得月亮本不发光，乃是反射太阳的光。唐代的神怪异闻小说集《酉阳杂俎》中记载，曾有人在山中偶遇月球人。月球人说，月亮是七种宝物合成的，形态如一颗弹丸，太阳照耀其凸起处，故而有阴影，有八万两千户人居住在上面，修理其凹凸不平之处。随后，月球人赠送其一种保健品"玉屑饭"，吃了可以不生病。说完就消失不见了。

北宋沈括的《梦溪笔谈》中记载："光之初生，日在其旁，故光侧而所见如钩。日渐远，则斜照，而光稍满。大抵如一弹丸，以粉涂其半，侧视之，则粉处如钩。对视之，则正圆也。"对月相的变化已经有详尽而科学的解释。

古代有朔、望、晦的说法。朔日是每月初一，这一天看不见月光。望日是每月十五，这一天是满月。"望"字的金文，就是一个人睁大了眼睛看月亮。那么，"既望"就是望日之后，即十六日。每个月的最后一天称为

望（金文）

晦日。

　　与"月"形似的一个字是"夕"。《说文解字》说"夕"字造字"从月半见"，就是说，从字形上来看，"夕"是"月"字出现一半，由此来表现傍晚时分月亮初现。那么"夕"就是傍晚的意思。这是一个很巧妙的会意字。

月、夕

　　在小篆中，"月""肉"两字字形相同，难以区别。所以今天很多"月"旁的字实际上是"肉"字旁，与月亮无关，比如胖、肥、脂、腿、腑等。

夜

　　"夜"字造字是一个"夕"加一个缺笔的"亦"，"亦"表音，"夕"表形，是一个形声字。《说文解字》说，夜晚时分，"天下休舍"，其寓意是日暮时人应该回家休息。入夜即眠，古人对"晨"和"夜"两个字的理解，正是一种"日出而作，日入而息"的观念，反映了先民顺应自然的生活方式。随着社会的发展，我们以科技打破了日夜的藩篱，往往日不出而作，夜已深而不息，甚至焚膏继晷、通宵达旦，这恐怕是造字的先民不曾料到的。

　　不过，古人也有"秉烛夜游"的做法。《古诗十九首》中说：

> 生年不满百，常怀千岁忧。
> 昼短苦夜长，何不秉烛游！
> 为乐当及时，何能待来兹？

　　白天太短，黑夜太长。还没玩够，天就黑了。所以就要点了蜡烛来玩乐，才不白活一遭。汉代人的思想和诗歌往往就是如此质朴。

亦、夜

易

《易经》是讲天地人生的变化之道的经典。称之为《易》，正是因为"易"有变化的意思。"易"字上为"日"，下为"月"，象征日月往来，引申出变化的意思。日月交替不止，运动不息，不变的唯有变化。《易经》于是得出"与时偕行"的思想，强调做人做事要顺应天时，随着时势的变化调整对策，以变应变，也可以说是以发展的思路解决发展中的问题。这是中国文化的底色。

在《说文解字》中，"易"的造字原理还有一说，认为"易"是蜥蜴的象形，蜥蜴中的一些品种善于变色伪装，比如变色龙之类，因此"易"有变化的意思。

星

"星"本来写作"晶"。"晶"的三个"日"象征点点星光，"晶"就是星、星光的意思。后来在"晶"下加一个声符"生"，又省略了两个"日"，于是就有了今天的"星"字。

中国古代对星星的观测和研究是很发达的。比如在《朱子语类》中，开篇就有大量的天文学内容。书中曾记载，二十八宿之星（恒星）自发光，金、木、水、火、土五星（行星）是反射太阳光。又说水星

因为距离太阳最近，伴随着太阳起起落落，所以常常被太阳的光芒遮蔽，不容易见到。可见古代的儒者，对这类知识也是非常用心的。

岁（歲）

"岁"（歲）指的是"岁星"，也就是木星。古人以不动的恒星为背景，把天空依黄道分为十二个区域，称之为"十二次"，依次命名为星纪、玄枵（xiāo）、娵訾（jū zī）、降娄、大梁、实沈、鹑首、鹑火、鹑尾、寿星、大火、析木。木星每年行经一"次"，十二年运行一周天。所以木星就被作为纪年之星，一年也称为一岁。"岁在星纪"就是说木星走到星纪这一年，下一年就是"岁在玄枵"。大家不要小看这种略显粗糙的纪年方法，今天我们依旧可以通过古人的这类记载推知某些重大历史事件发生的时间。比如周武王伐纣，史料记载发生在"岁在鹑火"这一年，经过推算，即为公元前1046年。

这套纪年的方法后来虽然不用了，但是"岁在××"的表达形式却流传了下来。比如汉代黄巾起义的口号就是"苍天已死，黄天当立，岁

在甲子，天下大吉"，是说黄巾要取代汉朝，在甲子这一年举事，终得天下太平。再后来，王羲之的《兰亭集序》记载了兰亭集会的时间，是"永和九年，岁在癸丑，暮春之初"，就是说兰亭集会发生在癸丑年。

雨

"雨"是象形字。"一"象征天，"冂"象征云，中间四个点象征雨滴，雨滴就是从云中飘洒下来的。"雨"本为动词，意思是"下雨"，可

以引申为"下"。

传说仓颉造字，"天雨粟，鬼夜哭"，就是说仓颉造出了文字，是一件惊天地泣鬼神的大事，老天感动到了下小米的地步。那鬼为什么哭呢？或许是因为人类有了文字，从此掌握了智慧，鬼神再也不能愚弄人类了。

雨停称为"霁"，"霁"是形声字。《阿房宫赋》中说"不霁何虹"，意思是没有雨过天晴，怎么会有彩虹呢？这是形容阿房宫的高空廊桥，就像彩虹一样。

霾

前几年北方常有雾霾。霾古已有之，《诗经》里说"终风且霾"，就是说某日一直是霾天。《汉书》中记载："日月无光，赤黄之气，充塞天下。"这霾来势汹汹。《晋书》则记载有长达一个月的霾。但古代的霾是指"风雨土也"，就是天上下黄土，其实是沙尘暴，和我们今天说的PM2.5并不是一个意思。"貍"在这里表音，并且有"埋"的意思，霾天仿佛世界都被埋起来了。

雷

中国二十四节气中有惊蛰，在三月五日或六日。民间谚语说："惊蛰节到闻雷声，震醒蛰伏越冬虫。"意思是惊蛰这一天，春雷阵阵，蛰伏过冬的虫儿就被震醒了，万物也随之复苏，春意即将回归天地。《说文解字》解释"雷"字："雷，阴阳薄动雷雨，生物者也。"这是说雷电具有催生万物的作用。"雷"字，上面一个"雨"，下面一个"田"。这个"田"与农田无关，而是雷电在天空中回转的象形。小篆"雷"下有三个"田"，形象地表现了雷电交加、风雨大作的场景。

神奇的是，古人将雷电看作万物催生的力量，竟与现代科学研究

暗合。现代生命起源研究有一个非常有名的实验，叫作"米勒实验"，在1953年由美国芝加哥大学完成。该实验模拟了原始地球的大气在闪电的作用下产生有机物，由此拉开生命演化的序幕，可见雷电在地球生命起源中的重要性。

神

"神"的意思是造物者。"神"字，左边一个"示"，右边一个"申"。以"示"为偏旁的字，多与神明、祭祀相关。右边的"申"，其实就是"电"的异写。看甲骨文、金文字形，皆可知其所勾勒的正是闪电劈下、雷电回旋的形象。古人认为，催生万物的是雷电，进而认为雷电具有神性，或者将雷电看作神迹。所以"神"字也就与雷电有关了。

后来"神"字用来表示天神。地神称为"祇"（qí）。神祇连用泛指一切神明。甲骨文的"氏"字，就像一把带弯曲把手的勺子，勺子可以把汤水从桶里舀出来，就像地神能够使万物从地下生长出来一样。所以《说文解字》解释"祇"的意思是"提出万物者也"。

诸位要留心，别把"祇"和"祗"（zhī）搞混，很多人把"神祇"写成或念成"神祗"，"祗"是恭敬的意思，与神不搭界。

神、申（甲骨文）

祇、氏（甲骨文）

长柄匙

气

　　"气"是中国特有的概念，比如武侠世界有"气功"一说，中医有"气血"之说，中国哲学有"阴阳二气"，文章讲究"文气"充沛，品评人物更有"气场""气质"等词语，总而言之，心领神会，玄而又玄。其实，"气"本是一个象形字，象征云雾之气，后来"气"的概念拓展到各个领域。

　　我们熟悉的文天祥在《正气歌》中说："天地有正气，杂然赋流形。下则为河岳，上则为日星。于人曰浩然，沛乎塞苍冥。"这里的"气"，一来是天地之气，流荡于天地之间，化为天地万物；二来是人之气，人有浩然之气，方能顶天立地。"气"不仅是天地构成的质料，是血脉运行的动力，更是人生立身的精神力量。

　　繁体字"气"写作"氣"，其实并无道理。"气"与"氣"原本是两个字。"氣"是个形声字，本义是给饭吃，有时也引申为粮食，读作 xì，也写作"饩"或"餼"。比如，孔子吃饭，"肉虽多，不使胜食氣"，就是说肉虽然吃得多，但是量不超过主食。

地理篇

中国人热爱土地。譬如说建筑吧，西方的古建筑大多直指苍穹，意在连通天堂。而中国的古建筑大多纵深铺开，拥抱大地。《周易》中说："地势坤，君子以厚德载物。"大地生养万物，容纳万物，予人以慈母般的厚爱。我们了解了与天象有关的字，再来看看"地理篇"。

土

"土"字虽然土里土气了些，但其字形看起来却是十足的小清新。下面一横象征土地深处，上面一横象征地表，一个竖贯穿其中，象征植物从地下破土而出。古人对土地的认识，用四个字来概括，就是"厚德载物"，万事万物都由土里生长出来，土地是万物的承载者、生养者。这个字造得生机盎然。

土地是人生存的根本，也是一个国家立国的根本。自古以来，君王都把土地看得很重，正所谓"溥天之下，莫非王土"。北京中山公园内就有明清社稷坛遗址，祭坛中便是来自东南西北中五方的五色土。其中，北方黑土、南方红土、东方青土、西方白土、中方黄土，对应着五行水、火、木、金、土，象征着中华大地。

春秋时期，晋国的公子重耳流亡在外，走到一处，向农夫讨口饭吃，结果农夫抓了一把土塞给他，说道："要饭没有，你吃土吧！"重耳大怒，就要发作。这时候他手下的谋臣狐偃就说："恭喜啊，主公，

这可是好兆头啊！百姓献上土地，这意味着你要得到晋国啊！"但凡是君王一类的人物，对这种讨巧的吉祥话没有不爱听的，于是重耳就高高兴兴地接受了土疙瘩。当然了，重耳最后的确回到了晋国，当上了国

君，还成了春秋五霸之一。

田

　　土地种上庄稼就称为"田"。"田"是一个象形字，表现农田一块一块排列的样子。中间的"十"象征田垄，叫作"阡陌"。古代有一种田地制度叫作"井田制"，就是把一块田按"井"字划分作九份，其中周围的八份是私田，由各家自己耕种；中间的一份是公田，由八家合种。秦代的商鞅搞变法，要"废井田，开阡陌"，就是要把原来的田垄废除，重新划分田界，搞土地改革。

　　古代以"田"为最根本的生产资料，一般人都有买田置地的愿望。三国时期，有位叫许汜的名士。有一次他和刘备谈天，嘲讽陈登这个人一身骄狂之气。刘备与陈登关系很好，就问许汜何出此言。许汜说："我曾经拜见过陈登。当时他毫无待客之礼，自己在大床高卧，而让我坐在下床。"刘备一听，怒斥道："你不过是个只知道在乱世买田买房的俗人，陈登忧国忧民，胸怀大志，有什么理由看得起你。倘若是我刘备，一定要到百尺高楼上高卧，请你坐地上。"当时刘表也在座，不禁哈哈大笑。这个故事后来就衍生了一个成语，叫作"求田问舍"，比喻胸无大志。

　　宋代词人辛弃疾就曾用过这个典故，他说："求田问舍，怕应羞见，刘郎才气。"意思是自己不愿意做许汜，以免见了刘备这类英雄人物羞愧。后来辛弃疾大志不得伸展，感到做官无聊，就准备退休。结果他的儿子写信来劝他不要退休，因为他认为父亲积蓄的俸禄还不足以购买更多的田产，希望父亲能继续做官发财。辛弃疾见信大怒，专门写了一首词去骂他那没出息的逆子。

最高楼

吾拟乞归，犬子以田产未置止我，赋此骂之。

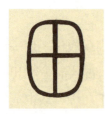

吾衰矣，须富贵何时？富贵是危机。暂忘设醴抽身去，未曾得米弃官归。穆先生，陶县令，是吾师。

待葺个园儿名"佚老"，更作个亭儿名"亦好"，闲饮酒，醉吟诗。千年田换八百主，一人口插几张匙？便休休，更说甚，是和非！

画（畫）

"画"（畫）无论是简体还是繁体，都有一个"田"字，"画"最初的意思就是划定田界。"画"字的小篆，上边一个"聿"，那是一只手拿着一支笔，下面一个"田"，四周四条线，意思就是给田画出分界线来。简体"画"字"田"的界线还在，但是把这支笔省掉了。

孔子的弟子冉求有一次对孔子说："我不是不喜欢老师教的东西，我实在是做不到。"孔子说："你这不是做不到，你这叫作'画'。"[①]这里的"画"就是划定界限，即给自我的成长限高。很多人事业无成半途而废，并不真正是能力不足，而是自划其限。

跟"画"造字类似的是"疆"，最初写作"畺"，三条横线分开两个"田"，也是田界、界限的意思，后来引申为国界、疆域。清末慈禧太后七十大寿时，发布政令，全国上下都贴上了"一人有庆，万寿无疆"的对联。可是国学大师、革命志士章太炎却另拟一对：

---

① 《论语·雍也》：冉求曰："非不说子之道，力不足也。"子曰："力不足者，中道而废，今女画。"

今日到南苑，明日到北海，何日再到古长安？叹黎民膏血全枯，只为一人歌庆有。

五十割琉球，六十割台湾，而今又割东三省！痛赤县邦圻益蹙，每逢万寿祝疆无。

所谓"万寿无疆"，是祝人寿命长得没有界限。"万寿疆无"却是嘲讽慈禧太后每逢大寿就割地赔款。

均

《论语》里说："不患寡而患不均，不患贫而患不安。"治国理政，不怕穷，就怕不平等。"均"的本义就是平等、平均。古人认为，人人平等是治国的理想，而这个理想最直接的体现就是人人有田，平分田地，能够"均田"。隋唐时期国家强盛就与搞了"均田制"有很大关系。"均"左边是个"土"，右边是个"匀"，把田分得匀，就叫作"均"。

山

"山"是一个象形字，表现的是山峰林立的形象。许慎说，"山"的读音近似于"宣"，因为山中宣发云气，滋生万物。所谓"行到水穷处，坐看云起时"。云卷云舒，的确是山中胜景。

名山称为"岳"（嶽），这是个形声字。在古代最重要的五座山是"五岳"，分别是西岳华山、东岳泰山、南岳衡山、北岳恒山、中岳嵩山。这五座山是天子巡视祭祀的地方。而"五岳"之中，最为重要的是泰山，这是能上通于天的地方。中国古代的帝王向上天汇报自己的文治武功，祈祷上天的保佑，就要跑到泰山上去搞"封禅"典礼，这是古代最为豪华的祭天大典。秦始皇、汉武帝、汉光武帝、唐高宗、唐玄宗、

山、岳

宋真宗等帝王都先后在泰山封禅。《史记》记载，当年汉武帝"封禅"的时候，司马迁的父亲司马谈因故未能随行，错过了千古盛典，竟至于遗憾悲愤而死。可见"封禅"在古人心中的地位。

石

石的小篆，上面是"厂"字头。不过这个字不念 chǎng，而念 hǎn，是山崖的意思。"厂"的字形就像带有洞穴的垂直山崖，正是上古人们居住的场所，比如北京的山顶洞人就是因为居住在这种山洞里而得名。"厂"是一个象形字。带"厂"部的字多与山、高地有关。比如"崖"字中也有"厂"；"危"，最初写作"产"，就是人站在山崖上，意思是高；"岸"则表示水边的高地。"石"字右下角的"口"，是大石头的象形，所以"石"就是山崖边的大石块。

"石"在古代还是表示重量的单位，一石为一百二十斤。秦汉时期官员的级别就用"石"来表示，比如太守这样的地方高官，就是两千石

的级别，他的俸禄有两千石的粮食。汉文帝时期的石奋，作为中央九卿级别的高官，俸禄达到了二千石。更厉害的是他四个儿子后来也都做到了二千石的官，石奋就得了个"万石君"的称号。很多人对"石"作重量单位时读 dàn 还是读 shí 争论不休。其实"石"作重量单

位在古代的正音就是 shí，dàn 本是江淮地区的方音，后来流行开来。今查《新华字典》《现代汉语词典》，皆标记"石"今读 dàn、古读 shí。

𨸏

"𨸏"就是今天的"阜"字，是土山的意思，与山相比，特指不甚险要的小土包、小丘陵，是一个象形字。"𨸏"作偏旁，简化为左耳刀（阝）。不少小朋友学写字时常常搞混左耳刀和右耳刀，其实，左耳刀的字多与山丘有关，右耳刀的字多与城市地名有关。比如陡、险，均是形容山势。"阴""阳"分别指山的北面和南面，所谓山南水北为阳。后来引申出一系列思想内涵，成为中国哲学最为核心的两个概念。再比如降，右边是两只向下的脚，合起来就是下山的意思。而陟的右边是两只向上的脚，就是登山的意思。

陵

中国有不少地名，叫作某陵，比如金陵、广陵、庐陵。有的朋友会联想此地是不是有某某名人的坟墓。其实这里的陵不是坟墓的意思，而是丘陵的意思。一般的丘陵叫作"𨸏"，大一点的就叫作"陵"，所以"陵"也是左耳刀。汉代有首情诗，叫作《上邪》："上邪！我欲与君相知，长命无绝衰。山无陵，江水为竭，冬雷震震，夏雨雪，天地合，乃敢与君绝。"所谓"山无陵"，就是说山没了山峰，变成平坦大地。汉代人的情感的确是热烈奔放的，你看这主人公，上来先吼一声"老天爷啊！"接着就是发誓：除非海枯石烂，冬夏倒转，天地毁灭，否则打死也不分手。

古代帝王的坟墓多是就山而建，借山丘为坟墓的封土，所以慢慢陵也有了坟墓的意思。"山陵"一词既可指一般的山丘，也有皇帝陵墓的意思。甚至可以代指帝后，《触龙说赵太后》里，触龙假设太后去世后的情形，就说"一旦山陵崩"，显得比较委婉。

水

"水"的小篆，是一条蜿蜒流淌的河流。左偏旁简化为"氵"。把"水"横过来，再把所有的线条都拉直，就是八卦中的坎卦"☵"，也是代表水。

中国古人从水中得到很多智慧。譬如儒家，就说"仁者乐山，智者乐水"。仁者应该像山一样敦厚、稳重，所以喜欢山；而智者应该像水一样灵动、通透，所以看见水就喜欢。又如道家，说"上善若水"，水

中蕴含着最高的智慧，那就是柔顺、不争、甘于处下，同时滋润万物。连法家也喜欢水，因为水至平，所谓一碗水端平，象征法律讲求公平的精神。而兵家呢，则说"兵无常势，水无常形"，用兵打仗就如流水，要根据实际情况调整战术。

冰

"冰"字的两点水，小篆作"仌"，正是冰凌尖尖的形象。所以，"冷""冻"都是两点水。"寒"这个两点底，其实也是"仌"。这是一个

复杂的会意字，"宀"代表房屋，里面有个"人"，家里冷得结了冰。太冷了怎么办？就搞来一堆草——"茻"，自己猫在草堆里保暖。

当然，这是对老百姓而言的。古代的帝王有的是办法取暖，比如说汉代吧，就在宫殿外面用大缸烧水，水蒸气把宫殿熏得又湿润又温暖。一般人，尤其是穷人，冬天就比较难熬了。所以古代"贫寒"二字连在一起使用，因贫而寒，因寒见贫。穷困的读书人就叫寒士，穷困的人家就叫寒门。不过，自谦的话，无论家里多么温暖富丽，都可以称为寒舍。

不过，寒冷并非毫无可取之处。冬日里蚊虫灭绝，一场大雪天地清新，一尘不染，不仅令人精神一振，还能联想到高洁不俗的精神品格。所以古来的名士图、高士图，有雪中吟诗、烹茶、弹琴的，没有大热天挥汗如雨的。王昌龄说"洛阳亲友如相问，一片冰心在玉壶"，张孝祥说自己"肝胆皆冰雪"，都是用"冰"来表示自己内心的纯粹、高洁，不沾俗尘。

冰、寒

谷

"谷"的本义是山谷。上半部分，是小篆"水"的简省，即拿掉了中间一画。下面是一个"口"。合在一起，就是有溪水涌出的山口，溪流皆从山谷流出，没有从山脊流出的。所以用溪流的出口来表示山谷。今天"谷"还有谷子、粮食的意思，其实是简化汉字的时候，把稻穀的"穀"和山谷的"谷"给合并了。

老子在《道德经》中把道形容为"谷神"。道作为天地万物的本源，

就如同山谷一样，虽然自身是虚空无有的，却源源不断地流出万物，永不穷尽枯竭。

永、辰

与"水"字特别像的一个字是"永"，"永"字呈现的是河流源远流长的形象，所以引申出长远的意思。漫长的白天叫永昼，漫长的黑夜叫永夜。小篆中把"永"翻转过来，就是"辰"，后来添上三点水作"派"。这也是一个象形字，它的意思是水的支流，有个词就叫作"流派"，后来引申出派生、分派的意思。这两个字其实都源自水，都是水流的象形，一个强调水流之远，一个强调分流之广。

永、辰

泉、原

唐代的魏征对唐太宗说："欲流之远者，必浚其泉源。"要想河流流得远，一定要疏通它的源头。国家要长治久安，就要提高皇帝本人的道德水平。

"泉""原"二字都是源头的意思。小篆的"泉"上面一点象征水源，万里黄河、长江，其源头也不过一点水源。下面近似"川"字的字形表示溪流分散。小篆的"原"是三个"泉"叠加在一起，再加一个"厂"字头，强化了山的形象，表示水从山间流出来，也是源头的意思。所以，"泉"和"原"都是源头的意思。"源"字是后起的。

周代有个行政部门叫作泉府，负责收购民间的滞销物资，以此调节市场。它的功能好比让市场上的货物像水一样流动起来，因此得名泉府。古代还把铜钱称为泉，也是因为钱就和泉水一样周流四方，流通不止。

泉、原

江、河

"河"在古代专指黄河，今天泛指一切河流。"江"在古代则专指长江。其实，很多水旁的字，古代都是某条河流的名字，比如汝、淹、渐、灌、溉、荡、漾等，左边表义，右边表音。

一个很有意思的现象是它们后来都被假借去表示另外的意思，比如"汝"，被借去当"你"讲。淹、渐渐、灌溉、荡漾等，都有了新的意思。可能古人也怕浪费，造出来这么多字，搁着也是搁着，不如盘活资源，借作他用。

江、河

川

上文说到，"河"其实是黄河的独名，"川"才是所有河流的总名。"川"字的字形是一条流淌不息的河流，和"水"字很像。我们说"山川"，就是山与河。街上人来人往，车水马龙，就说川流不息。不过，我们常常误以为四川省得名是因为这里有四条大川。其实，"四川"得名

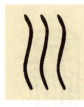

是因为北宋年间，四川盆地一带被分为益州路、梓州路、利州路和夔州路，合称为"川峡四路"或"四川路"。

州

"州"字就是在"川"中加了三个小圈圈，表示水中的沙洲。后来"州"成为一级行政单位的名称，就另造一个"洲"字表示沙洲的含义。长沙有橘子洲，毛主席曾在此作《沁园春·长沙》，开篇即道"独立寒秋，湘江北去，橘子洲头"。橘子洲就在湘江中心。

有一种说法，上古时期遭遇洪水，百姓居住在九块水中的高地上，就称之为"九州"，后来"九州"就成为中国的代称。"九州"到底是哪

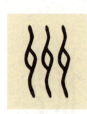

九州一直有不同的说法，在《尚书》中，这九州分别是冀州、兖州、青州、徐州、扬州、荆州、豫州、梁州、雍州。

如今地球的大陆也称为"洲"，实际上是"州"的引申义，因为欧亚非这些大洲，不也是水中的高地吗？

【第三讲：】

人体篇

古人造字，远取诸物，近取诸身。就是说，一来向天地万物去找灵感，二来是在自己身上做文章。人的走行坐卧、言谈举止，皆是造字的灵感来源。

人

小篆的"人"，是一个人弯腰作揖的侧面形象。因此有的学者认为，"人"字在上古时期特指贵族、士大夫这个阶层，毕竟"礼不下庶人"，平头百姓是不讲那么多礼仪的。后来"人"才泛指所有人。

《说文解字》释"人"时说，人是"天地之性最贵者也"，把人看作天地之间最高贵的事物。为什么呢？一是因为人具有别的事物难以企及的认知能力；二是因为人能够得"天地之心"，与天地合德，拥有崇高的美德。所以，中国古人是从德性的角度来认识、界定人的。

大

小篆中"人"是侧面的人形，"大"则是正面的人形。"大"就是一个人张开双臂、岔开两脚的形象。老子认为，天地之间有四个伟大的事物，分别是道、天、地、人，把人看作可以和道、天、地相并列者。因此，表示人形的"大"有了伟大、巨大、博大的含义。

立

　　小篆的"立"，上面是一个"大"，下面是一横，表示人站立在那里。从字形来说，这一横是"大"的立身之所，人要想立得住，就要有立身之所，找到自己的位置。"位"字就是"立"再加一个单人旁，还是表示立身之所。

　　孔子认为，要想有立身之本，就要懂得礼仪，知道自己该做什么、不该做什么。孔子说"三十而立"，人到三十岁的时候，要懂得为人处世的礼，这样才能在社会上立得住。

包

　　人之初，始于"包"。"包"外面一个包围，里面一个"巳"，是胎儿在腹中的象形，表示女子怀胎。加个"肉"旁，就是"胞"。"胞"指的是胎衣，兄弟就叫作"同胞"。

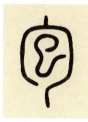

儿（兒）

　　"儿"繁体写作"兒"，下面是人身体的形象，上面是一个大大的头部。婴幼儿的身体，头部所占比例比成人要大。更为传神的是，这个"臼"还有个缺口。婴幼儿的头顶颅骨发育不完全，没有完全合上，是有个间隙的，叫作囟门。所以这个"兒"就是囟门未合的婴幼儿的象征。

子、孙（孫）

"子"是小孩儿的象形，头部很大，高举两手，一副欢呼跳跃的形象。在东方六国的文字（也称古文）中，这个"子"头上还有三根头发竖立着，非常生动。在西周的籀文中，小孩儿屁股下面还有一个"几"，我们可以理解为类似于凳子的东西，小孩儿坐在凳子上，这就更为传神了。

子之子称为"孙"，"孙"繁体写作"孫"，右边是一个"系"字。"系"是连续不断的绳子，表明子复有子，子子孙孙无穷匮也。这个"孙"字蕴含着古人家族绵延、代代不绝的愿望。

子（小篆）、子（古文）、子（籀文）

夫

"夫"的意思是成年男子。古代的成年男子，要把头发束起来，用簪子别好。所以"夫"就是一个"大"，头上加一个"一"，代表簪子。

古代把成年男子称为"丈夫"，就是丈把高的男子。"丈"是长度单位，古今的度量衡一直在变化，汉代一尺约为二十三厘米，一丈是两米三左右。即使在营养充足的今天，两米三的成年男子也是非常罕见的。所以，

"丈夫"应当属于美称。女子称呼其配偶为丈夫，有赞美、称许的意思。

老

"老"是一个会意字，其小篆的上半部分是头发的样子。古代人蓄发不剃头，所以老年人头发一般比较长。当然，这得在不脱发的前提下。其下半部分，《说文解字》说是"化"的省略。"化"是花白的意思。所以"老"的意思就是头发花白的人，也就是老年人。古代用"二毛"指老年人，意思是老年人头发黑白相间，两种颜色掺和在一起。打仗的时候，讲究"不擒二毛"，遇到老年人，要手下留情。

不过，其甲骨文的字形与小篆不同，下边是一个竖，代表拐杖，意思是拄拐杖的人。

老（小篆）、老（甲骨文）

中国人讲究敬老，敬老称为孝。"孝"的上边同"老"，代表老人。下边是一个"子"，代表子女。子女搀扶着老人，这就叫"孝"，本义就是侍奉长辈。中国人重视孝道，"孝"的内涵就被逐渐丰富起来。比如《孝经》讲"孝，始于事亲，中于事君，终于立身"。最基本的孝道，就是侍奉父母；中级的孝道，是忠君；最高级的孝道，是自己事业有成，安身立命。为人父母者，虽然也希望儿女常在身边，但更希望他们有出息，事业有成。

孔子还说过："今之孝者，是谓能养，至于犬马，皆能有养。不敬，何以别乎？"强调孝道的关键不在于物质的供养，而在于心中的敬意。所以，孝贵在真诚，贵在情感。

中国古代是宗族社会，家族秩序是国家秩序的根基。提倡孝道也有

孝

利于形成忠厚质朴的社会风气，进而有利于政治稳定。《论语》里说："其为人也孝弟，而好犯上者，鲜矣；不好犯上而好作乱者，未之有也。"这里的逻辑就是，讲孝道的人是不会犯上作乱的。

男、女

古代男耕女织，男阳刚而女柔顺。

"男"上边是"田"，下边是"力"，表示在田间用力气。也有的说，下边的"力"是耕地农具的象形。不管怎么说，都有耕田的意思。古代种田的工作主要是男子来从事，所以"男"代表男子。

"女"是象形字，所描绘的是一个跪坐于席的人，双手叠放于前，表现出一副温顺内敛的形象。古人认为女子的品性是温柔，所以以此形象来代表女子。在"女"字中间点两个点，或者作两笔短横，象征女子的乳房，这就是"母"，表示母亲哺乳孩子。

男、女、母

首、元

"首"是头的意思，是象形字。首领首领，首是头，领是脖子，首领就是一支队伍的头头儿，是最关键的。"首"的小篆由两部分组成，上面的三条曲线（巛）代表头发，下面的"百"（shǒu）是一张脸。"百"字下部的"自"是鼻子的象形，大概是因为鼻子居于脸中央，所以突出了它的形象。

与"首"同义的字是"元"。"元"字是一个人的侧身相，并且突出了头部的形象，所以也是头的意思。古代的国君、现代国家的领袖，都可称为"元首"。"元"字又引申出本源、起始的意思。《周易》说"大哉乾元，万物资始"，是说天道有运动不息的乾德，成为万物产生的本源。

首、元

页（頁）

"页"（頁）的小篆，上面是一个"百"，下面是一个"人"，还是头的意思。所以很多"页"旁的字都与头部有关。比如"頭"（"头"的繁体），又比如"颈""项"，脖子前面叫作颈，脖子后面叫作项。有个成语叫作"望其项背"，是说从后面看前面人的背影，所以称为"项"。还比如头顶叫"顶"，脑门儿叫作"颡"，腮帮子叫作"颐"，下巴叫作"颔"，回头看这个动作叫作"顾"，等等。

一页纸两页纸，这个量词"页"最初应该是"葉"（"叶"的繁体），一页纸就跟一片叶子一样，论"葉"不论页。但是后来以讹传讹，习惯成自然，就写作"页"了。

口、日

"口"是一个象形字。在"口"的出口处加一笔曲线，代表口中出气，那就是在说话，这就叫"曰"。我们看今天的楷书，以为是在"口"中加一横成为"曰"，其实是字体变化之后造字的原理被模糊了。

口、日

子曰诗云，"子曰"就是孔子说。"曰"指开口讲话，"语"指来往对话。孔子教导弟子，他说着，弟子听着、记着，所以《论语》用"子曰"不用"子语"。

舌

"舌"这个字的小篆，上面是一个"干"，下面是一个"口"，表示舌头从口中伸出来的形象。为什么把伸出来的舌头写作"干"呢？因为"干"有接触的意思，表明舌头是用来接触食物的。后来写作"千"，这层意思就消失了。也有人说，这个"干"画的是蛇的舌头。"干"就是蛇舌头分叉的象形。

据说当年老子的老师常枞病重了，老子去看望他。常枞要给弟子最后一点教诲，于是张开嘴给老子看了看，问道："我的舌头还在吗？"老子说："当然还在。"常枞又问："我的牙齿还在吗？"老子说："没有了。"常枞又问老子："你知道原因是什么吗？"老子回答说："那舌头

之所以存在，岂不是因为它是柔软的吗？牙齿不存在，岂不是因为它是刚硬的吗？"常枞说："好啊！是这样的。世界上的事情都已包容尽了，我还有什么可以再告诉你的呢？"这是在说道家哲学中柔弱胜刚强的道理。

齿（齒）

"齿"（齒）是一个形声字，"止"表音，下半部分是满嘴牙齿的形象。因为牙齿是一颗颗排列的，所以"齿"就引申出并列的意思。"不齿"，就是不愿意与某某并列在一起，就是看不起某某的意思。

从牙齿还可判断人和动物的年龄，所以"龄"也是"齿"旁，古人见面要先"叙年齿"，即论一论年长年幼，方便称兄道弟。

欠

"欠"的下面是一个"人"，上面是一个"气"，表示打个呵欠，也表示呼气的动作。所以，"歌"字是"欠"字旁，表示唱歌要大口呼气。人高兴了，要"欢"（歡）笑，那就一定会呼喊，因此"欢"也是"欠"字旁；忧愁了就会"歎"（叹）息，也用"欠"作旁，表示叹气。

吃

"吃"的本义是口吃。左边一个"口"，右边是一个"气"。但是这个"气"在写的时候最后一笔要有个曲折，表示气出得不顺，由此来表示人口吃。

古代有个成语叫作"期期艾艾"，就是口吃的意思。汉代有个人叫作周昌，听说刘邦要废黜并无过错的太子，就上前提反对意见，但是他

口吃，说道："陛下虽欲废太子，臣期期不奉诏。""期"是"一定"的意思，他想说："您要是想换太子，我是一……一定不答应的。"按礼法，太子要立嫡长子。可是刘邦偏爱小儿子，想要立小儿子为太子，这不利于朝政稳定。后来三国时有个武将叫邓艾，也口吃，每次说自己的名字都说："艾……艾……如何如何。"古人把这两个口吃的人合起来，造出一个"期期艾艾"的成语。

目、看

"目"是象形字，用中间两横勾勒瞳仁的形象。古代有一种异相，称为"重瞳"，也就是有两个瞳孔。据说造字的仓颉就是重瞳之人，古代的圣王舜也是重瞳。古人把重瞳看作圣贤之相。《史记·项羽本纪》记载，项羽也是重瞳，多多少少是有点天命在身的，可惜他用力用智不用德，最终速亡。从现代医学来看，重瞳恐怕不是什么圣人之相，而是一种先天疾病。

目、看

"目"上面加一只"手"，就是"看"，表示手搭凉棚，眺望远处，这是人们远看的习惯性动作。《西游记》中的孙悟空和《葫芦娃》中的二娃都常做这个动作。

眉

"眉"下面是代表眼睛的"目"，上面的"䀏"代表额头的皱纹，中间长长一条折线代表眼眉。有的老人有长寿眉，眉毛是很长的。这也是象形字，这种字属于衬托象形，就是它重在表现眉毛那一笔，但是必须通过眼睛和皱纹来衬托，用意才能明了。

古代女子常以"蛾眉"为美，何为"蛾眉"？有两说，有人说"蛾眉"是如蛾须一样细而长的眉；也有人说，"蛾眉"是如蛾翅一样团状的眉。两种眉型在古代都是有的。传说杨贵妃的三姐虢国夫人极美貌，"却嫌脂粉污颜色，淡扫蛾眉朝至尊"，嫌弃化妆品玷污了自己的美貌，只是淡淡画个蛾眉就去朝见皇帝了。这就叫作"素面朝天"，意思是不化妆就去见天子。

蛾眉

自

"自"的本义是鼻子，象形字。也许是因为人们说自己的时候总是自指鼻子，所以"自"后来被假借为自己的意思。后来，人们在"自"下面另加一个声符"畀"，造一个新字"鼻"，来表示鼻子的意思。

"自"下面加上"犬"，就是"臭"（xiù）。狗的鼻子最灵，善于闻味

自、臭

儿，这个"臭"就是嗅的意思，进而引申出气味的意思。嘲讽年轻人涉世尚浅，就说他"乳臭未干"，意思是身上的奶味儿还没散干净，断奶没几天。最初这个"臭"就是指气味，并不特指臭味。

耳

"耳"是一个象形字。有意思的是，表示智慧的"圣"字（繁体为"聖"），与"耳"有关；表示糊涂的"聩"字，也与"耳"有关。其实，"圣"的本义就是听得清，"聩"的本义就是听不清。一个人脑子好，给我们的第一印象就是听得明白话，理解力高；反过来，一个人头脑不好，主要就是听不明白别人说话。所以"圣"引申出明智的意思，"聩"引申出昏聩的意思。孔子说他自己"六十而耳顺"，就是说他六十岁的时候，听到什么话都是可以理解的，这就是圣明的境界了。

古代打仗要论功行赏，可这杀敌之数如何统计呢？原来，古代战场上杀死敌人，需要割取敌人的左耳作为证明，这就叫作"献馘（guó）"。"取"字左边是耳朵，右边是右手（又），本义就是割取耳朵。

而

"而"的本义是胡须，表现胡须长而飘然的样子。看到"而"字，总令人联想到京剧中的髯口。后来胡须的本义废弃不用，"而"被假借去做虚词用。段玉裁在《说文解字注》说，"而"或可解释为"然"，或可解释为"如"，或可解释为"汝"，或可解释为"能"。解释为"然"是表示转折；解释为"如"是表示假设；解释为"汝"，是和"尔"通假，意思是你；解释为"能"，是因为"而"在古代和"能"同音，"而"通假为"能"。

古代有种轻刑，叫作"耐"，就是剃去犯人的胡须。身体发肤，受之父母，皆不能毁伤，所以刮胡剃须也是有一定的羞辱性的。许慎说，"耐"是比"髡"（kūn）要低一个层次的刑罚，毕竟头发得到了保全。当然了，实际操作中，耐刑、髡刑往往是叠加在徒刑之上的，比如剃了胡子还要被罚"城旦舂"（详见本书"饮食篇""舂"字），这样伤害力才够大。想要剃个头发、刮个胡子就把罪责抵过去，也是不太现实的。

髯口

髟

很多与毛发相关的字都是"髟"（biāo）字头。比如胡须叫作"髯"，鬓角称为"鬓"。古代有种刑罚，就是把头发剃光，叫作"髡"。古人把割头发看作很严重的事情。曹操一次外出行军，为了表现出一点军纪严明、秋毫无犯的气象，规定"大小将校，凡过麦田，但有践踏者，并皆斩首"。结果他自己的马就踩了麦田，但是曹操毕竟不能自杀啊，于是就割了一绺头发，表示自己已经接受了军法的惩处。

"髟"的意思是长发飘飘，会意字。左边一个"長"（长），右边"彡"表示头发。"发"的繁体写作"髮"，把"髟"作为部首。要注意，繁体的"髮"和"發"是两个字，简化后合并为一个字"发"。"發"是发射弓箭的意思，这一点看"發"中有个"弓"字就知道了，其余部分则表音。我们在写繁体的时候要注意区别。如果是开发廊的，招牌写作"發廊"，那就闹笑话了。反过来，"恭喜髮财"也是很搞笑的。

古代以"髯"著称者，首推关羽，号称美髯公。刘备占据益州之后，马超前来投奔，被封为平西将军。关羽听说之后，很不服气，就给诸葛亮写信，询问马超的才干如何，言辞之间流露出想要较量较量的意思。诸葛亮自然知道关羽这点心思，于是回信说："马孟起文武兼备，勇猛过人，可以与益德一争高下，但是怎能比得上髯公的超逸绝伦呢？"①诸葛亮直接称呼关羽为"髯"，既有赞其美髯的用意，也有表示亲密的意思。关羽听了很是受用，于是把诸葛亮的书信得意地展示给在座宾客看。

身

"身"的字形就是一个人，但是突出了躯体，表示人的身体。同时，

---

① 《三国志·蜀书》：亮知羽护前，乃答之曰："孟起兼资文武，雄烈过人，一世之杰，黥、彭之徒，当与益德并驱争先，犹未及髯之绝伦逸群也。"

这个"身"字看起来像孕妇挺着肚子的样子，所以"身"还有怀孕的意思。古代叫怀孕为"有身"，就是这个道理。

"身"可引申为自己。比如"三省吾身"，就是反省自己。老子在《道德经》里说："吾所以有大患者，为吾有身，及吾无身，吾有何患？"人们之所以总有忧患，就是因为把自己看得太重，时时刻刻为自己的名利得失忧心烦恼。倘若把自己的得失看得轻一些，甚至完全不看，那还有什么忧患呢？所以老子主张"无身"，实际是主张"无我"。

不过，老子主张"无身"，主张不争，乃是一种以退为进、无为而有为的策略。老子进一步说："圣人后其身而身先，外其身而身存。"凡事越是把自己往后摆，不去争，不去抢，就越是容易得到；越是置身事外，就越容易明哲保身，最终保全自我。

手

"手"是一个象形字，象征五指的形象。

古代的左手、右手是分开来表示的：左手写作"ナ"，就是今天"左"字上半部分，右手写作"又"，都是用三根手指头表示手。两只手合起来，就是"廾"，即如今的"拱"字，是两只手恭敬地捧着什么的形象。中国古代有拱手礼，即两手合抱行礼。一般右手弯曲在内，左手叠于其外，因为古代"吉事尚左"，平常以左为尊。但是在丧礼上，则奉行"凶事尚右"的原则，行礼时右手在外。

手

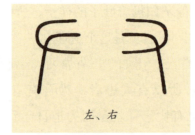

左、右

廾

寸

　　"寸"是个指事字，主体是一只手，在手腕的位置做了一个标记。做标记的这个位置就是能摸到动脉的地方，这个地方就叫"寸口"，古人把从手掌跟到寸口的长度称为一寸。每个人的一寸长度都是不一样的，中医称为"同身寸"。自身穴位、脉搏的位置只有自己的手指才能量得准，比如自己的大拇指第一关节的宽度恰好就是自己的一寸，食指、中指两指并拢为一寸半，加上无名指三指并拢为两寸，加小指四指并拢为三寸。根据这一套规律，就可以找准自己身上的各种穴位。

　　"寸"后来成为固定的长度单位，长短自有法度，所以含"寸"部的字好多与规矩、法度有关。之前讲过"時"字，右边"寺"的本义是官署，"寸"部表示官署做事要谨遵法度，"時"表示季节更替也是有章

法的。简化字把其中的"寺"简化为"寸"，保留了最重要的部件，简要而得当。将军的"将"也有一个"寸"，因为领军作战要有法度，不可以乱来。还有动词"导"，为政者引导百姓，要依据德和礼，也是与法度有关的。

友

"友"字的小篆就是两只手，两手握在一起就是朋友。古人把志同道合的人称为朋友。孔子说交朋友要交益友，有三种益友，"友直，友谅，友多闻"，就是耿直的朋友、诚信的朋友、博学多识的朋友。不要交三种损友，"友便辟，友善柔，友便佞"，就是谄媚奉承的人、口蜜腹剑的人、耍嘴皮子的人。孔子说过"无友不如己者"，意思是不要和不如自己的人交朋友。这一点与父母常说的"不要和学习不好的小朋友一起玩"颇为神似。不过，假如我不和不如我的人交朋友，那比我强的人自然也不和我交朋友，最后大家岂不是都没有朋友了吗？

今天看楷书，仍可在"友"字中看到两只手，左手作"ナ"，右手作"又"。

与（與）

"与"（與）字的小篆是四只"手"组合在一起，比"友"还要多两只"手"。"与"（與）的本义是结为同盟、联盟，所以是两双手紧紧拉在一起的样子。晋文公和秦穆公一起去打郑国，军队刚开到郑国城下，秦穆公受郑国老臣烛之武一番利害游说，转头回家了，把晋文公孤零零地丢在那里。晋文公手下的大臣们很愤怒，就要打秦国的军队。晋文公说"失其所与，不知"，就是说跟自己的同盟翻脸，是不智慧、不可取的，然后也收兵回家了。

后来就引申出"和、同"的意思。中间的"与"本义是给予，在这里是表音符号，没有实在意思。现在，

"与"和"舆"已合并为一个字了。

兴（興）

"兴"（興）也是四只手，中间一个"同"字，表示四只手共同用力举起一样东西，所以"兴"的本义是"起"。古代大臣行跪拜礼，礼毕起身就叫作"兴"。什么事情开始了，我们说"兴起"；做得好了，就说"兴盛"，就是干起来了的意思。《诗经》里有种艺术手法叫作"起兴"，就是说先咏他物来引起所要咏的事情和情感。譬如"关关雎鸠，在河之洲"这两句就是"兴"，目的是引出下文的"窈窕淑女，君子好逑"，或许在古代雎鸠与爱情是有关联的吧。

掇

五只"手"在一起是"掇"，右边四只"手"连在一起，左边又加一个提手旁。五只手合在一起，表示摘取、拾取。曹操《短歌行》有一句"明明如月，何时可掇"，字面的意思就是天上一轮明月，什么时候能摘它下来。其实他想说，人才啊人才，我何时才能得到你！

止

"止"是一个象形字，其甲骨文就是一只脚的形象，有三个脚趾，最初是脚的意思。脚步可以停止，所以引申出"停止"的意思。比如

《道德经》说"知止不殆"，就是人要知足，然后才不会陷入危险。脚停止的地方也就是到达的地方，所以"止"还引申出"到达""目标"的意思。比如《大学》有"知止而后有定"，是说知道要到达的目标，才能定下心来。

止（小篆）、止（甲骨文）

足

"足"指的是脚，其中上边的"口"，泛指腿部，下面的"止"，突出了脚的形象。古代有位贤人，名叫夔。有一次鲁哀公问孔子："听说'夔一足'，夔真的只有一只足吗？"孔子说："当然不是了，'夔一足'是说夔这种贤人，有一位就足够了，不是说他只有一只足。"

在古代，"足"指的是脚，"脚"指的是小腿，二者混淆不得。战国时的军事家孙膑曾受到"膑脚"的刑罚，是被挖掉了膝盖骨，而不是被砍掉了脚。砍掉脚的刑罚叫作"斩趾"，也称为"刖"。古代的奸臣秦桧，年轻的时候还是蛮热情的小伙子，特别爱干些跑腿工作，就得了个绰号叫作"秦长脚"（罗大经《格天阁》）。

文言文中"脚"等于"胫"，有个成语叫作"不胫而走"，意思是消息没有长腿却跑出去了。大腿则称为"股"。当年晋文公君臣在外逃难，饿得没有东西吃。介子推就把自己大腿的肉割下来，煮成汤给晋文公吃。这就叫"割股啖君"。至于屁股，那叫臀。

所以，腿部从下往上依次是：足（止）——脚（胫）——股——臀。

步

"步"字上面是一个"止",下面是反过来的"止",一"止"又一"止",表示一步一步慢慢踱的样子。所以"步"的本义就是步行。《诗经·卷耳》有一句"陟彼高冈","陟"字左边是表示丘陵的"𨸏",右边一个"步",合在一起就是登高的意思。

俗话讲"晚食以当肉,安步以当车"。吃不起肉,那就饿一饿再吃

饭,吃啥都香;买不起车,那就慢慢走,比坐车还自在。这两句话很有安贫乐道的意味。初中有篇课文叫作《记承天寺夜游》,讲的是苏轼和张怀民大半夜起来"相与步于中庭",在中庭伴着月光散步闲聊,那是很自在的。如果说"走于中庭",那就是夜跑了。

走

"走"的本义是跑。下面是一个"止",表示脚,肯定跟走路有关。上面是一个"夭"。我们看"夭"的小篆,就像一个弓着身子、甩开胳膊、迈开大步的人。所以"走"就是奔跑的意思。孟子说过,两军相接,一方打败了,于是"弃甲曳兵而走",走了五十步的笑话那些走了一百步的。这里的"走",就是拼命逃跑,如果是一步一步地踱,那早就没命了。

在古代,慢慢走叫作"步",小步紧走叫作"趋",大步快跑叫作"走"。所以慢走叫"闲庭信步",快跑叫"竞相奔走",见了长辈要低头弯腰小步"趋"才显得礼貌,混淆不得。

有一次,孔鲤要穿过庭院,正好看见父亲孔子站在庭院里,于是便

"趋"着过去。没想到孔子叫住了他，问道："孔鲤啊，你学习《诗经》了吗？""父亲，还没有。""不学《诗经》，就不会说话。"于是孔鲤就退回去学《诗经》。过了几天，孔鲤又遇见孔子站在庭院里，再一次小步快走要从孔子身边过去，结果又被孔子叫住了。孔子问他："孔鲤啊，你学礼了吗？""父亲，还没有。""不学礼，就不能立身。"于是孔鲤又退回去学礼。由此有了"趋庭"这个词，指儿子承受父亲或者晚辈承受长辈的教诲。

心

"心"是一个象形字，是一颗心脏的样子。古人认为心是身的主宰，既主导思维，也主导情感。商代纣王昏庸，贤臣比干屡次劝谏，纣王恨得牙痒痒要杀他，就说："我听说圣人的心有七窍。"然后就把比干的心挖出来看。比干的心脏有七个心眼儿，那是聪明无比了。

曹雪芹设计林黛玉这个人物，说她"心较比干多一窍"，那是比比干心眼儿还多了。这倒不是说她爱算计别人，而是说她敏感多疑。在《红楼梦》第七回周瑞家的送宫花这个情节中，周瑞家的将薛姨妈带来的宫花赠予贾府众姐妹，送到别人处都是太平无事的，单单送到了林黛玉这里，被问了句："还是单送我一人的，还是别的姑娘们都有呢？"周瑞家的也没多想，照实答道："各位都有了，这两枝是姑娘的了。"这一下可惹恼了黛玉，她便冷冷地说道："我就知道，别人不挑剩下的也不给我。"怼得周瑞家的不敢言语半声。你瞧，这林黛玉可不太多心了嘛！

忘

"忘"字底下一个"心"，上面一个"亡"，亡的意思是出走、逃跑。心里的东西走丢了，就是"忘"。"忘"字是形声兼会意。这个"亡"还表示这个字的字音。

关于"忘"，庄子曾经讲过一个故事。

有一日，孔子最得意的弟子颜回跟孔子说："老师，我进步了。"孔子说："你如何进步了？""我把仁义忘了。"孔子说："很好，但是还不够。"过了几天，颜回又来了，说："我又进步了。"孔子说："怎么讲？"颜回说："我把礼乐忘了。"孔子说："很好，还不够。"过了几天，颜回又来了，说："我这回进步了，我修炼成了'坐忘'。我忘了自己的身体，忘了自己的思想，我把自己里里外外全都忘了。"孔子说："这样一来，你就和天地造化同在了，我准备向你学习了。"

这故事一看便知是庄子杜撰的，很有些拿儒家来开涮的意思。我们一般人当然希望记忆好、不遗忘，把所学的、所想的通通记住。但是庄子却主张"忘"，人要把功名得失，乃至于生死、乃至于自我的存在都忘一忘，才能突破藩篱，获得从容自由的境界，这就是颜回的"坐忘"。

思

无论中西，人们都认为"心"具有思维的功能。所以小篆的"思"，上面是"囟"——我们说过囟门在头顶上，所以"囟"表示头脑，下面是一个"心"。合起来看，所谓"思"是脑和心的共同活动。思虑过多，不仅头疼，而且还费心血，甚至会胸闷气短。

儒家主张多思，有"君子有九思"的说法："视思明，听思聪，色思温，貌思恭，言思忠，事思敬，疑思问，忿思难，见得思义。"不过，凡事过犹不及，据说季文子凡事要三思，孔子说："这很好，不过思考两次也就够了。"毕竟思考太多容易瞻前顾后，好谋无断。

志

小篆"志"的上面是"之"，"之"是"去"的意思。心有所往就是"志"。我们说"志向"，就是心要去的地方。"老骥伏枥，志在千里"是说这伏在马槽中的老马，还想去千里之外驰骋追风。

孔子说"吾十有五而志于学"，是说他十五岁的时候就立志求学，把学习当作人生的理想和方向了。"志"原本是个会意字，后来上面的"之"写作"士"，这层造字的意图就被模糊了。

《红楼梦》第八十四回有个故事，说贾政检查贾宝玉平时写的作文，第一题便是《吾十有五而志于学》，但看宝玉开篇写道："夫不志于学，人之常也。圣人十五而志之，不亦难乎！"你看，他自己不爱学习，却说不志于学是人之常情，圣人立志求学真是太难了。这真是以己度人，倒也真诚，只是把贾政气得直摇头。

德

"德"字本来没有双人旁，写作"悳"。"悳"上边是一个"直"字放倒了，所以"悳"就是"惪"。中国人最重视德，可是什么是德？"惪"

字上面一个"直"，下面一个"心"，所以"悳"就是按照自己的本心去待人。我们相信人的本心总是善良的，依照自己的良心去待人，就叫作有德。"千教万教，教人求真；千学万学，学做真人。"一个"真"字，就是德的最高境界了。

后来随着哲学思想的发展，"德"的含义越来越丰富。其实它的本义是很简单的。这个带双人旁的"德"实际是登的意思，是个形声字。后来"悳"不用了，"德"被假借作道德讲。

草木篇

中国人对草木是很有感情的，有那么多歌咏草木的诗词、那么多描绘草木的画作。我们在草木中寄托着情感，又赋予草木各种道德、哲理的象征意味。神农尝百草，在草木世界中寻找治病救人的良方，一个"药"字，便以"草"作头。

中

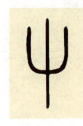

小篆的"草"写作"艸"，是两个"屮"（chè）并列在一起。"屮"是一个象形字，表现小草冒出来的样子。三个"屮"就是"卉"，是草的总称。还有四个"屮"——"茻"，即"莽"字，是草丛的意思。小篆的"莫"字就是一个"日"在"茻"中间，表示太阳落入草丛了，是日暮的意思。

之

说起文言文，大家就想到"之乎者也"这四个虚词。"之"的小篆是"屮"下加一横，表示小草从地上长出来，引申为去、到的意思。

虽然后来"之"被借去当虚词用，但仍然保留了"去"的动词意思。"志"字的小篆，上"之"下"心"，就是心要去的地方。苏轼《赤壁赋》说自己在长江之上"纵一苇之所如"，这里的"之"就是去的意思。

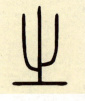

他驾着一叶扁舟，顺流飘荡，任凭小舟去它要去的地方，自由自在，无拘无束，这正是划船泛舟的乐趣。王羲之《兰亭集序》说人生"所之既倦，情随事迁，感慨系之矣"。"所之"在这里引申为所得到的东西，人们对于自己千辛万苦求得的，往往久而生倦，慢慢变了心。念及此事，真是令人唏嘘感慨。

生

《周易》讲"天地之大德曰生"。天地对世间最大的恩德就是生养万物。天地的生机，首先便表现在草木葱茏繁盛。"生"字上面是"屮"，下面是"土"，是小草破土发芽的意思。后来万物的出生就都以"生"来表示。

人之所生称为"姓"。我们都有"姓"，"姓"表示人的血脉来处。有的学者说，古代是母系氏族社会，没有婚姻制度，人但知其母，不知其父。所以血缘的追溯要从母亲开始才论得清。"姓"便由"生"与"女"组成。

在古代，"姓"和"氏"所指不同。"姓"强调血缘，是不变的。古代人讲求"同姓不婚"，是避免血缘相近的人结婚。"氏"是从分封、官职、身份来的，是变动的。所谓"氏所以别贵贱，姓所以别婚姻"。

春秋时期的贵族，有姓有氏，丝毫不乱。比如说孔子，严格来说姓"子"，"孔"是他的氏。孔子的祖先是宋国的公族，传到第五代子嘉，按照礼仪规定要改氏另立一族。子嘉字孔父，便以孔作为新的氏。孔子这个孔氏，就是由此而来。春秋战国，征战不休，阶层流动，贵族秩序逐渐瓦解，中国开始进入白衣公卿的时代，姓、氏合流，二者便成为一回事了。

屯

还有一个字也表示小草出生的意思，就是"屯"。"屯"上面一横是地面，下面是一个"中"，表示小草要破土而出了。但是"中"的一竖有一个曲折，那是表明小草破土是很费力的，把自己都压弯了，这真是神来之笔！所以"屯"有艰难的意思。

春

"春"字的小篆，上面是一个"艸"，中间是一个"屯"，下面是一个"日"。这是一个会意字，合起来要表达的是，阳光普照，小草艰难地破土发芽，这就是春天。无论多难，大地永远能重现生机。所以要相信：冬天来了，春天还会远吗？

除了小草发芽，春天一声惊雷，蛰伏的虫子们也出来活动了，这就叫作"蠢"。所以"蠢"最初是形容万物复苏、鸟兽鱼虫蠢蠢欲动的景

象。"蠢"由虫子活动的意思可以引申为胡乱举动，比如《诗经》说"蠢尔蛮荆，大邦为仇"，是说荆蛮部族不安分，不顺服，胆大妄为，胆敢与我们大周朝为敌。再引申一步，那就产生了愚蠢的意思。

华（華）

我国以中华、华夏为名，其中这个"华"（華）字作何解呢？"华"的本义是花，古代的字形，就是一枝花茎上，开着花朵硕大的花。所以

引申出华美、华丽的意思。中国古称"华夏""中华"，是因为"服章之美，谓之华"。相比周边裸体文身或者穿着毛皮的民族，衣着精美得体是华夏人的特征。华夏讲求衣着，一方面是对美的追求，另一方面是对礼义的看重。

与华夏相对的，周边的少数民族则统称为"夷"。"夷"由"大"和"弓"两个部件组成，意思是拿着弓箭的人。大概当时周边民族多以打猎谋生，常常随身携带弓箭。

朵

花朵的"朵"，最初是花的意思，后来成为花专用的量词。量词是学中文的一个难点，其实很多量词最初都是名词。

"朵"是一个象形字，下面一个"木"，上面是一朵花的形象，后来引申出饱满的意思。我们用"大快朵颐"这个词形容吃得尽兴，"朵颐"就是腮帮子鼓鼓的，正在大吃美食。

荷

今天荷花的称谓很多，比如莲花、芙蓉、菡萏。其实，古人对荷花的命名是很清晰的。荷花的本名叫作芙蕖，或者芙蓉。"荷"特指芙蕖的叶子，"菡萏"指的是芙蕖的花，"莲"指的是莲子。还有一些命名是我们比较陌生的，比如"薏"指的是莲子的芯；芙蕖的茎叫作"茄"；芙蕖的根，埋在泥巴底下的叫作"藕"，泥巴上面的叫作"蔤"。一物一名，这是古人的习惯。

"莲"谐音"怜","怜"不是怜悯，而是怜爱的意思。所以古代有睹莲思人、借莲寄情的诗歌。"低头弄莲子，莲子清如水。""莲子"谐音"怜子"，就是"爱你"的意思。看见了莲子，就想起了情郎。欧阳修有一首《渔家傲》，有句为"莲子与人长厮类，无好意，年年苦在中心里"。先说莲子和人差不多，相似点在哪呢？莲子没有好薏，人也没

有好意（心情）。为啥不好呢？因为都很苦。莲子的薏本来就是苦的！人则因为相思而受苦。

这样看来，荷花可谓中国的爱情之花。倘若情人之间不送玫瑰而送荷花、莲蓬，想必也是很有意思的。

叶（葉）

"叶"繁体写作"葉"，其形象就是一棵树上长着叶片，后来又加了一个草字头，就有了"葉"字。其实，我们最初说一页书、两页书，用的量词是"葉"。古人在薄木片上写字，一片木片就叫作"一枼"，后来

写作"一葉"。再后来，书写改用纸张，但依旧称之为"葉"。纸薄如叶，用"葉"大抵也是不错的。

不过，在漫长的岁月中，人们逐渐忘记了这个量词的根源，开始误用同音字"页"。我们讲过，"页"是头的意思。时至今日，"页"成为纸张的量词，"枼"和"葉"反倒都废置不用了。

竹

"竹"是象形字，由两个"个"组成，表现竹子的形象。"个"本是

竹子的意思，扬州有个"个园"，园主是清代的黄至筠，非常喜欢竹子，就种了各种各样的竹子。

竹子刚长出来称为"笋"，繁体写作"筍"，下面的"旬"造字形式与"包"类似，是一个腹中怀胎的形象，"筍"就是竹胎的意思，那就是竹子宝宝。

竹不仅姿态挺拔高雅，而且品格不俗。自古以来好竹者甚多，最有名者当属魏晋时期的"竹林七贤"。阮籍、嵇康、山涛、刘伶、阮咸、向秀、王戎七人，都是才华横溢、品格脱俗的高人，常在竹林中饮酒游乐。东晋的名士王徽之极其爱竹，他曾经暂居别人家的空房，也要叫人种上竹子。人家说你暂住一下，折腾个什么，王徽之长啸几声，指着竹子说："哪能一天没有它呢？"

竹、笋

节（節）

中国人很看重气节。"节"（節）最初是指竹子的节。这是一个形声字，竹字头表示与竹子有关，"即"表示该字读音（与"即"音近）。竹节是一圈圈缠绕的，像一个个箍，箍住了竹子，于是引申出约束的意思。万事万物莫不有约束节制，人在德行上有约束、有节制，就称为有节操。

因为竹节把竹子分成一段一段的，所以引申出节点、关键点的意思。孔子说，君子要"临大节而不可夺"，就是在"大节"——关键处不含糊，能守住原则。另外，"小德出入可也"，意思是偶尔不拘小节，问题也是不大的。生活中的重要节点，则称为节日。农历有二十四节气，就是一年中气候变化的二十四个重要节点。

苇（葦）

"苇"（葦）就是芦苇，古人称之为蒹葭。《诗经·蒹葭》中说："蒹葭苍苍，白露为霜。所谓伊人，在水一方。"把摇曳苍茫的芦苇同凄美的相思联系起来，楚楚动人。《诗经》中还有一篇《河广》，其中说道："谁谓河广？一苇杭之。谁谓宋远？跂予望之。"写一个思念家乡的人，站在黄河对岸眺望家乡。谁说黄河宽呢？只要"一苇"就可以航行过去。这里的"苇"是指用芦苇编成的小筏子。后来便用"一苇"指小船，比如苏轼在《赤壁赋》里写道："纵一苇之所如，凌万顷之茫然。"

本、末、朱

"本"是一个指事字。先有一个"木"，在下面加一个标记符号，成为"本"，就表示树根。在上面加一个标记符号，成为"末"，就表示树梢。树根是树的生命根本所在，树梢则是细枝末节，所以"本""末"二字引申，就分别表示根本和末节的意思。

本、末、朱

那么在"木"的中间加一笔呢？那就是"朱"。"朱"起初是树的名字。据说有种松柏类的树是红心的，所以就在"木"中间加一笔，表示这种木头的中心是很特别的。久而久之，"朱"引申出红色的意思。

休

古人赶路，累了就要在树下休息。树木能倚靠，还能遮阳避雨。所以"休"字就是一个人倚靠在树旁边，表示休息。有个成语叫作"休戚与共"，意思是欢乐与悲伤一同承担。人休息好了就快乐，所以"休"引申出欢乐、喜悦的意思。

材、柴

"材"是一个形声字，左边是形旁，右边是声旁。"材"的本义指树的主干，只有主干才能承担大用，譬如作为房屋的栋梁。所以才有"栋梁之材"的说法。那么不成气候的杂树枝怎么称呼呢？称为"柴"，可以用来烧火。所以烧火的木头叫"木柴"，有用的木头才叫"木材"。

材虽然比柴有用，但是庄子认为，木头成了木材，就要被人砍去造房子、造车船，反倒害了自己。他说，有一棵不成材的大树，造船会沉，造房子会烂，没有人愿意来砍它，因此保全了性命，成了为人供奉的千年老树。但是完全不成材，那又逃不掉被砍走当柴火烧的命运。所以庄子主张立身于"材与不材之间"，时而有用时而无用，此处有用彼处无用，才是明哲保身、悠游自在的道理。

材、柴

束

"束"是一个会意字，一个"木"，加了一个"口"，象征捆绑的绳子，表示把木头捆成一捆。孔子说，带着"束脩"来请教我的，我一定会指点他。"束脩"就是一捆肉干。后来"束脩"就成了学费的雅称。"束"后来又引申出捆绑、约束的意思。

东（東）、杲、杳

在"木"中加一个"日"，就是"東"（东）。这个字形表现的是太阳从林间升起。太阳升起的方向就是东。那么太阳升高了，在"木"之上呢？那就是"杲"（gǎo），太阳升起来了，照耀万木，表示明亮的意思。那么太阳落下了呢？那就是"杳"（yǎo），正所谓"寒林空见日斜时"，太阳落到林子下面了，天就黑了，所以"杳"是昏暗的意思。

以上三个字，通过"日"和"木"的位置关系，表现了这一天的时间变化。古代的林子多，如今城市里太阳都是在楼宇之间升落，难以感受到太阳与森林、树木之间的关系了。

东、杲、杳

礼乐篇（上）

天地山川、草木鱼虫，乃至人类自身，无非自然的造物。从这一篇开始，我们由自然的世界进入人文的世界，通过汉字，来了解古代人的人文生活。中国为礼乐之邦，中国古人的文化、政治生活，首先绕不过一个"礼"字，我们就从礼乐相关的汉字开始说起。"礼乐篇"分为两部分，上篇侧重说礼，下篇侧重说乐。

礼（禮）

中国是礼仪之邦，自古重视"礼"（禮）。"礼"的左边为"示"旁，"示"是上天垂下吉凶的预兆。前文讲过，凡是"示"旁的字都与神明有关。"礼"的右边是"豊"，"豊"下边是"豆"，"豆"是一种容器，祭祀的时候用来装祭品，然后摆在供案上；上边的"曲"表示"豆"中装着满满当当的祭品。所以"礼"就是盛满祭品祭祀神明的行为。古人先有祭祀神明的各种"礼"，继而形成了方方面面的礼，生活起居要讲究礼，治理国家也离不开礼。

孔子一生周游列国，其核心的主张就是恢复周礼。周礼传说是周公所制定的，主要的精神就是"君君臣臣，父父子子"，主张上下尊卑有序，各安其位。所以，以礼治国，这礼强调的是一种礼制、一种秩序。儒家主张以礼修身，这礼则是指诸种礼仪。儒家强调要"约之以礼"，即用礼来约束自己的言行，这是君子安身立命的重要功课。

话说汉高祖刘邦向来看不起儒生，总是自诩马上得天下，用不着礼仪诗书。然而，在一次宴会上，看着手下的群臣们吆五喝六、狂呼乱叫，心中很是烦恼。于是儒生叔孙通上前建议，请求允许自己制定一套君臣的礼仪，保管简单易学、行之有效。刘邦觉得不错，就接受了这个建议。经过数月的设计、演练，大臣们熟练掌握了这套朝堂礼仪。等到十月朝会的时候，朝堂下进退有据，举手投足，庄严肃穆，所有人都诚惶诚恐、战战兢兢，再也不敢任意喧哗了。刘邦长叹一声说道："今天我才真正体会到了做皇帝的尊贵！"

豆

祭

《左传》里讲，国家的大事只有两件，一件是打仗，一件是祭祀。这两件事天子、诸侯必须得重视起来。祭祀就要有祭品。"祭"字以"示"为底，表示与神明相关。上半部分则是左边一条肉，右边一只手。手里拿着肉的形象，表示为神明奉上祭品。

祝

咱们现在表达祝福，总说"祝你如何如何"，这个"祝"到底是什么意思？在祭祀活动中，要有专职人员诵念祭词，来向神明祈福，这个人就叫"祝"。"祝"和"兄"是一个意思，"示"旁是后加的。"兄"下面的"儿"是人的形象，上面一张巨大的"口"。"祝"做的事就是向上

天说话，祈祷上天听到人间的声音，满足人间的愿望。所以说，"祝你如何如何"意思就是祈祷神明保佑你如何如何。古代家族祭祀，一般是长子来做"祝"，所以长子慢慢就被称为"兄长"。

卜

占卜也是古代重要的国事，尤其是商代的帝王，大事小事无不占卜。所谓"卜"，就是一种用龟甲占卜的方式。首先选取平整的乌龟腹甲，在龟甲上刻写所要占问之事，再用火烧。龟甲受火，产生裂纹，巫师通过观察裂纹的走向来定吉凶，这裂纹就称为"兆"。这"卜"字便是裂纹的形象，龟甲裂开发出"bu"的一声，便是"卜"的读音。

当然古代还有用蓍草来占卜的手法，称为筮占。通过排布蓍草，得出卦象来占定吉凶。《周易》所使用的大衍筮法便属于这一类。古代还有"大事用龟，小事用筮"的说法，因为"筮短龟长"，龟卜要郑重些。

福

春节了，家家户户贴福字，有了福，就什么都有了。"福"的本义是神明保佑，所以是"示"字旁。"福"的右边是一个酒坛子的形象，表

示祈福的时候向神明奉献美酒，这样神明就能保佑我们。

"福"的反义词是"祸"，"祸"就是神明不保佑的意思。中国人认为"祸兮福之所倚，福兮祸之所伏"，意思是福祸是可以转化的。福在某些条件下，也可以看作祸；祸在某些条件下，也可看作福。所谓"塞翁失马，焉知非福"。哲学大师冯友兰曾说，福祸相依的理论，对中国人影响很大，使得中国人"在繁荣昌盛时保持谨慎，在极其危险时满怀希望"。所以，人有福的时候要居安思危，有祸的时候要积极乐观。

且

中国人敬祖。"祖"最初写作"且"。"且"字表示一种小型几案，是一个象形字，字形与"几"很像。人们把祭祀祖先的贡品摆在这个几案上，朝它跪拜行礼。久而久之，这桌子就和祖先的神灵绑定了。那么就用"且"字表示祖先。后来加"示"旁另造一个"祖"字。

秦末纷争时期，刘邦去参加项羽的鸿门宴，席间项庄舞剑，准备刺杀刘邦。刘邦就趁机跑出来问自己的警卫员樊哙："你觉得情况怎么样了？"樊哙说："如今人为刀俎，我为鱼肉。"就是说我们现在就是砧板上的鱼肉，等着人家来收拾，还是赶紧跑吧。这里的"俎"是"且"加"仌"旁造出来的，"仌"是"肉"的一部分，表示一块肉。"俎"就是放置祭肉的几案，进而引申出砧板的意思。

总的来说，就是"俎"继承了"且"字案板的意思，"祖"继承了"且"字祖先的意思。"且"本身被假借去表示"而且"的意思。

祭祀摆贡的小几

牺（犠）、牲

"牺""牲"二字都是形声字，指祭祀活动中所用的牲畜，其中毛色纯一的称为"牺"，躯体完整、未加分解的称为"牲"。常见的献祭牲畜有牛、羊、猪。在祭祀中牲畜要被宰杀，所以"牺牲"有丧命的意思，由于与祭祀相关，"牺牲"因此又具有了高贵性，甚至是神性。所以，如今我们将具有崇高意义的死亡称为"牺牲"。

在《曹刿论战》的故事里，齐国来攻打鲁国，鲁庄公问曹刿，说

牺、牲

寡人"牺牲玉帛，弗敢加也"，就是说平时进献给神明的祭品一点都不敢虚报，凭这一点能不能得到神的保佑。曹刿说，这都是小信小义，"神弗福也"，神不会保佑你的，但是凭着你恪尽职守，认真处理各种诉讼案件，是可以打一仗的。

牢

"牢"的本义是牛圈，后来引申为牢房。这是一个象形字，外面是牛圈的栏杆，里面是一头牛。

古代祭祀，最高规格的祭品称为"太牢"，就是用牛、羊、猪三种牲畜，也称为"三牲"，古代天子祭祀天地就要用太牢。次一等的祭品是"少牢"，"少牢"是羊和猪。一般的诸侯祭祀就用"少牢"。

尸

"尸"的本义并不是死尸。古代祭祀祖先有点奇怪，不是拜画像，也不是拜牌位，而是让家族中的小孩子坐在祭台上，接受族人的祭拜。祭拜者向小孩子奉献祭品，念诵祝词，这个孩子就叫作"尸"。"尸"字的形象就是一个人双手平置于膝盖端坐的样子。在祭拜中，祖先的神明附着于"尸"身上，享受后人的祭拜与祭品。严格来说，只有受祭者的孙子才有资格做"尸"。

《论语》记载，孔子"寝不尸"。这是说，孔子休息的时候就不再像"尸"那样拘谨端正了，是很放松很休闲的。毕竟白天整日地端着，晚上也该放松放松。然而有的学者却说，这是讲孔子睡觉也讲礼仪，不像尸体一样直挺挺地躺着。这是没有搞懂"尸"的意思。一个人睡觉还讲求姿势端庄，那非要神经衰弱不可！

冠、笄

古代的成人礼，男子称为"冠礼"，女子称为"笄礼"。冠礼就是束发戴冠，古代男子 20 岁行冠礼，表示成年。"冠"字外围象征一顶冠，里面的"元"象征人头，把冠戴在头上，就叫"加冠"，是冠礼中的主要环节。"冠"字中的"寸"，代表分寸法度，说明这"冠"是有规格和法度的。

古代的君子把冠看作身份的象征。孔子的弟子子路，在一次战乱中冠缨被打断了，危急时刻子路却从容地说，君子可以死，但是冠不能掉落。于是从容整冠，敌人也就趁机杀死了他。中国人近两百年来礼节变化是很大的，古代冠戴不好，叫作"科头乱项"。随便脱帽也显得比较无礼，比如唐代的书法家张旭酒后挥毫要"脱帽露顶王公前"，那是相当狂放的，但今天恰恰以脱帽为礼。

古代女子的成人礼在 15 岁，具体的形式就是绾起头发，戴上发簪。

冠、笄

这个簪子就叫"笄"。"笄"是"竹"头，下面的"开"是发簪的形象，所以"笄"就是竹制的簪子。女子加簪，表示成年，就可以出嫁成为"妻"了。"妻"这个字，上边的部分就是女子头上加了发簪、发钗的形象。

婚

"婚"就是迎娶女子的礼仪，所以"婚"字左边是一个"女"字。为何右边是"昏"呢？这个"昏"有两个作用：一是表示"婚"字的读音，它是"婚"字的声旁；二是表示婚礼举行的时间是在黄昏。据说上古时期有抢婚的习俗，就是去抢掠女子来成亲。抢人自然是晚上行动。后来虽然抢婚的习俗废除了，但是很多地区婚礼的时间依旧保留在了晚上。

古代婚礼的完整流程分为六个步骤：纳采、问名、纳吉、纳征、请期、亲迎。

纳采：男方家请媒人去女方家提亲。

问名：女方家同意提亲后，男方家请媒人问女方的名字和生辰八字。

纳吉：男方将女方的名字、八字取回后，在祖庙进行占卜。

纳征：八字合适，男方家向女方家下聘礼。

请期：男方家选定婚期，与女方家商定。

亲迎：男方迎亲。

在这六项礼仪中，除了纳征之外，男方家都需要向女方家送雁，以作信物，称为雁媒礼，大概是看好大雁寒来暑往、准时靠谱的特质。不过，我们不要以为古人真的每次都送大雁，其实很多时候古籍中所谓雁者，大鹅而已。上古的字典《尔雅》就说婚礼中的雁其实是鹅，在古人的眼里雁和鹅差不多是类似的动物。论寓意美好，鹅不及雁，然而若论炖着香吃着实惠，还是鹅更胜一筹。

丧

养生送死是古代的大事。古代人特别重视丧礼。"丧"字有两个部件，下面是一个"亡"，"亡"在古代是走掉的意思，人去世委婉的说法就是"走了"。上面是一个"哭"，表示人们在丧礼中很伤心，放声大哭。所以，虽然中国人重视礼节仪式，但是真诚地表达哀伤才是最重要的。孔子说："丧，与其易也，宁戚。"与其礼仪流程办得周到、风光好看，不如真心悲伤。

据说"竹林七贤"之一的阮籍，母亲去世的时候，他还在下棋。人家来吊丧，他也没有接待，就是坐在地上喝酒，眼神呆呆的。后来母亲

下葬了，他吃了一条蒸猪腿，喝了二斗酒，然后去向遗体告别，话说完了，高声一吼，"哇"的一口吐血数升，然后昏了过去。别人以为他狂放不孝，但是他其实十分哀伤，以致骨瘦如柴，几乎要死去。其实阮籍并非不孝之人，只是他蔑视世俗礼法的虚伪烦琐，反其道而行之，以真性情来表达情感。

玉

礼仪活动中要用礼器，而玉器可以说是最重要的一种礼器。

"玉"字的小篆本来写作"王"，三条横线代表三块玉，中间一条竖线，代表把玉连缀起来。古代人的佩玉，都是成组佩戴的，"王"正是一组佩玉的形象。很多"王"字旁的字实际是"玉"字旁。比如珏、琼、珊瑚、琥珀等，它们或许是一种玉石，或许有类似于玉的质地。

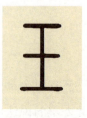

我们踢的"球"，最初是形容敲击玉的声音。我们在学校里有自己的班级，这个"班"字，是一块玉中间用刀分开。古代分封诸侯，就会用刀分开一块玉，天子一块，诸侯一块，作为信物。所以"班"本身有划分的意思。

先秦佩玉

后来，为了区别"玉"和"王"，才在"玉"字上加一点。中国人爱玉，爱玉的外在美，更爱其内在的德，所以说"君子如玉"，用玉来比拟君子。古人认为，玉有五种美德：

它的温和润泽，代表仁，因为仁爱之人同样给人温暖的感受。

它的纹理贯通，表里如一，代表义。义就是原则性，讲求义的人无论何时都能持守其道德准则。

它的声音悠扬，传播四方，代表智，正如智者的美名传扬天下。

它的宁折不弯，代表勇，正如勇者"宁为玉碎，不为瓦全"的勇气。

它的锐而无锋，代表洁，好比真正的高洁之士，虽然有棱有角，但是也能和光同尘，并不一味锋芒毕露。

古代举行不同的礼仪活动，各有其专用的玉器。比如，玉璧用以祭祀上天，玉琮用以祭祀大地。玉琮是一种内圆外方的玉器，代表着天圆地方。值得一提的是，在 2021 年，我国考古工作者在三星堆发现了玉琮。我们知道，三星堆文明位于长江上游，是古蜀地文明的代表，而玉琮起源于长江下游的良渚文明。可见距今三四千年之前，长江上下游是有直接或者间接的交流的。其实，在华夏各地的上古文明中，多有玉琮出土。这说明中华文明虽然是多点起源，但是早就已经相互交流、连接一体了。

礼乐篇（下）

讲完了礼，再来讲乐。万万不可小瞧了音乐。孔子将《诗经》三百零五篇一一谱曲弹唱，他的课堂上，甚至有边听课边鼓瑟的。礼教人一板一眼，乐使人和乐从容，没有乐，礼将是冰冷而干枯的。孔子说："兴于诗，立于礼，成于乐。"可以说，人的精神与心灵最终是由音乐成全的。

乐（樂）

"乐"的本义是音乐。繁体写作"樂"，与小篆较为相似。这个"樂"其实是一面鼓的形象，下面一个"木"是鼓的底座，上面的部分是鼓架和鼓面。鼓在音乐演奏中太重要了，歌舞酒宴要打鼓，上阵杀敌还要打鼓。东汉末年名士、以裸衣骂曹闻名的祢衡，据说就善于击鼓，他的鼓曲《渔阳掺挝》，音节悲壮，闻者无不感慨动容。

在孔子的理念中，音乐是有教育作用的。好的音乐应该是"尽善尽美"，"尽善"是要求内容好，意义端正；"尽美"是要求节奏好，旋律优美。人听了音乐，能调节情绪，培养情操。有一次，孔子到武城去，他的弟子子游在这里做官。孔子一进武城，就听到音乐声传来，那是子游在搞乐教。孔子就逗他说："小小的武城，也值得搞乐教吗？杀鸡焉用牛刀？"子游立刻辩驳说："这是您教我的啊！无论是做官的，还是老百姓，都应该接受音乐的教化。"孔子就说："同学们，子游说得对啊，我刚才是开玩笑。"

音乐令人快乐，所以"乐"引申出快乐的意思。孔子就特别重视快乐，儒家了不起的地方就在于主张快乐生活。譬如说他的弟子颜回，过着吃了上顿没下顿的穷日子，孔子说他"人不堪其忧，回也不改其乐"。颜回的了不起就在于虽然贫困，却依旧快乐。他不是忍受，而是不在乎。孔子在周游列国的途中，已经断粮了，还弹琴唱歌，为弟子们讲解着古代的学问。孔子说自己是个"乐而忘忧，不知老之将至"的人。后代人一想起孔子，就是板着面孔说教的道学先生，其实真实的孔子应该是个快乐的老头儿。

鼓

中国人有"和"的思想，"和"是和谐、协调的意思。"礼之用，和为贵。"就是说，推行礼仪，是为了使人与人和谐相处。而"和"的思想就来自音乐。

"和"本来写作"龢"。"龢"的左侧是"龠"（yuè），"龠"是一种管乐器，类似于笛子，但只有三个孔。右边"禾"是声旁。"龢"表示音符和谐。而"和"本来是应和的意思，读hè。后来古代人为了简便，把"龢"的意思合并入"和"字，"和"就成了多音多义字，"龢"字却废弃不用了。

音

　　"音"字的小篆就是在"言"字的"口"中加一横，表示"音"是有节奏法度的声音，所以用"音"表示音乐。

　　今天我们常说"乐章"，"章"就是在"音"下面加一个"十"，"十"是"数之终"，就是说"十"这个数有完备、终结的意思。所以"章"表示一整段音乐，后来整篇的文章也叫作"章"。今天我们总说某人姓"立早章"，严格来说，应该称之为"音十章"。它其实是"音"字头。还有竟然的"竟"字，本义是音乐终了。曹操有诗云："神龟虽寿，犹有竟时。"这里的"竟"就是终了的意思。

琴

　　"琴"字是象形字，上为琴弦，下为琴体。"琴"在古代特指今天所谓的古琴，而非弹奏乐器的泛称。琴的声音中正平和，细腻悠长，是中国古代最重要的文人乐器。

　　古代有伯牙、子期为知音的故事，伯牙所弹即为琴。据说伯牙想象着高山弹琴，子期就说："善哉，峨峨兮若泰山！"伯牙想象着流水弹琴，子期就说："善哉，洋洋兮若江河！"琴为心音，却能为听者所得。后来子期死，伯牙认为再无知音，便把琴捣毁，再也不弹琴了。

　　不过，琴的共鸣箱很小，声音很弱，细节处的变化更是细微，远听不易。《三国演义》中诸葛亮在西城用了一招"空城计"，当着司马懿大军的面慢悠悠地抚琴，搞得司马懿疑虑重重，最终撤兵。其实，琴音微弱，只适合自娱自乐，或者两三好友在室内共赏，恐怕难以从城头上传下来。

《说文解字》认为，琴的作用是"禁"，即通过弹琴来修养性情，克制不良的情绪和欲望。"琴"最初有五弦，据说是神农所造。后来周文王、周武王又各自增加一根弦，后代的琴就有七弦。古人有君子"左琴右书"的说法，表明琴在生活中是不可或缺的。

我们用"琴瑟和谐"比喻夫妻感情和谐，因为琴和瑟合奏时声音非常和谐自然。"瑟"也是一种弹奏乐器，今天不常见了。据记载，古瑟有五十根弦，所以李商隐有一句诗说"锦瑟无端五十弦"。但后代瑟多为二十五弦。

筝

"筝"就是古筝，声音比较高亢响亮，古人形容为"铮铮之音"，所以称之为"筝"。民间传说，古代一户人家，兄弟争家产，争夺一把瑟，最终将其一分为二，就有了"筝"，谐音争夺的意思。这故事版本众多，看看就好，不必当真。

在战国时期，筝主要流行在秦国地区。筝声的高亢与秦国民风的豪迈粗犷相呼应。筝的形制不断地演变，形制、弦数都常有变化，现代所流行的筝已经经过了很大的改造，共有 21 根弦。

箫（簫）

"箫"（簫）是吹奏乐器，古代的"箫"为排箫，长短排列，如同凤凰之翼。而今天常见的一根竹管的箫则是洞箫。箫这种乐器吹奏起来，呜呜咽咽，非常深情。

古人传说，箫声能够引来凤凰。春秋时期，秦穆公有个女儿名为弄玉，喜欢吹箫。当时有个善于吹箫的少年，名为萧史，吹箫能够招来孔雀、白鹤之类的瑞鸟。秦穆公将女儿嫁给萧史。夫妻二人志趣相投，十分恩爱。秦穆公专门为他们建造了一座凤凰台，夫妻二人居住于此，萧史教弄玉吹箫，竟然引来凤凰。后来二人终于得道成仙，随凤凰飞去。

排箫

籁

"籁"是古代的一种三孔的管乐器，也是吹奏的。庄子说，天下有三种籁：人吹奏的乐器称为"人籁"，是人造的声音，境界最低；被风吹响的山谷、洞穴称为"地籁"，这是自然的声音；最高境界的"天籁"是道，道无须什么去吹奏，是无声的音乐，所谓大音希声，要

用心灵去听。今天我们常常用"天籁之音"形容音乐的美妙就来自此说法。

竽

"竽"也是吹奏乐器，也是竹管制成的，它靠内置的簧片来发声。《韩非子》里说，齐宣王喜欢听人合奏吹竽，每次演奏一定要三百人。这里头就混着一位根本不会吹竽的南郭先生，每次齐奏，不过摇头晃脑摆摆样子而已。后来宣王死了，新君即位，喜欢听独奏，让乐师一个一个上前演奏，南郭先生便赶紧逃走了。这就是所谓的"滥竽充数"。

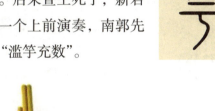

竽

筑

"筑"是一种弦乐器，看着像提琴之类，却是通过小锤敲击琴弦来演奏，称为击筑。

"筑"这乐器还有一段荡气回肠的英雄往事。当年燕国的太子丹请出侠客荆轲去刺杀秦王，出发之际，荆轲的好友高渐离便在易水边击筑送别，声音慷慨悲凉，众人落泪哭泣。荆轲忍不住放声唱道："风萧萧兮易水寒，壮士一去兮不复还。"寒风、易水、悲歌、苍凉的大地与铿锵的筑声就这样相互交织。可惜荆轲一败涂地，没能避免燕国的亡国之祸。

后来秦始皇统一六国，高渐离因为击筑闻名，被召入皇宫中成为乐师。为了防止高渐离行为不轨，秦始皇刺瞎了他的双眼。不过，秦始皇忽略了高渐离复仇的意志。在一次演奏中，高渐离抡起筑向秦始

皇砸去。筑本身又长又重，高渐离又在筑中灌铅，如果被击中头部，必然毙命。可惜高渐离没有击中，反被秦始皇诛杀。从此，秦始皇再也不敢让六国的旧人接近自己了。

筑

磬

"磬"是一种敲击的乐器，将石片制作成不同的形制，悬挂起来，用锤敲击，演奏音乐。"磬"的字形，下面一个"石"，表示磬的材质；右上的"殳"是一只手拿着锤的形象，敲石而有声，所以左上是一个

"声"。这是一个会意字。

孔子人生不得志，住在卫国的时候曾在屋子里击磬抒怀，被一个路人听见。这路人说："这磬敲得好用力，好执着！磬不应该是这么个敲法。这人一定心有执念啊！"这人想了想，又说："水浅的时候就撩起衣服过河，要是水深就蹚过去算啦！干吗不能灵活变通一点呢？"孔子听到了他的话，知道自己的心事被听破，叹了口气说："这人说的真有道理，我是说不过他了。"不过，孔子恰恰是一个"知其不可而为之"的人，他对于理想的执着是谁也动摇不了的。这就是乐为心声。

磬

钟（鐘）

"钟"（鐘）也是悬挂敲击的乐器，今天的寺庙中还有钟，所谓"做一天和尚撞一天钟"。用来演奏音乐的钟是成套的，大小不一，编在一起，称为"编钟"，是要合作演奏的。现存最大的编钟是随州曾侯乙墓出土的战国曾侯乙编钟，全套编钟共六十五件，分三层八组悬挂在呈曲尺形的铜木结构钟架上。编钟出土时，在旁边还有六个彩绘木槌和两根彩绘木棒，是用来敲钟和撞钟的。据说钟声代表着秋天的声音，秋天作物得以种成，所以称为"钟"。这是在用语音来暗示字义了。

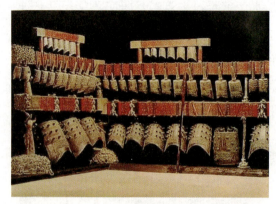

编钟

诗

　　古代演奏音乐还要唱诗，我们今天把诗看作纯粹的文学，但是在古代诗与音乐密不可分。今天传世《诗经》中的篇目，在古代都是配乐歌唱的，据说《诗经》三百零五篇孔子都能弹奏演唱。汉代的音乐机关——乐府，把民歌采集来加工整理，最终配乐表演。乐府留下的这些作品，后来就称为乐府诗。

　　直到唐代，诗仍然可以演唱。有一次王之涣、高适、王昌龄坐在一起喝酒，远远地看到一些歌女正在那里演唱。于是他们三个人就准备较量一番，看看这些歌女唱谁的诗多。这时，第一个歌女打着节拍唱道："寒雨连江夜入吴，平明送客楚山孤。"这是王昌龄的《芙蓉楼送辛渐》。

第二位歌女开口唱的是"开箧泪沾臆，见君前日书"，这是高适的诗。第三位歌女唱的是"奉帚平明金殿开，且将团扇共徘徊"，这又是王昌龄的诗。这时候王之涣就有些坐不住了。他指着其中一个最漂亮的歌女说："如果这个女子唱的不是我的诗，我从此不再写诗，甘拜你们为老师。"终于轮到这位歌女演唱，她开口一唱就是"黄河远上白云间，一片孤城万仞山。羌笛何须怨杨柳，春风不度玉门关"，这正是王之涣的《凉州词》。王之涣的面子算是保住了。

"诗"是一个形声字。古人通过吟诗来表达内心的情感，所以叫作"诗言志"。在古代，小孩子通过学习诗来陶冶情操，所以诗歌也好，音乐也好，在古代都是教育和修身的手段。

舞

"舞"字的小篆，上面是"無"的简省，表音；下面是"舛"，是两只脚撇开跳舞的形象，表义。这是一个形声字。更古老的甲骨文、金文，这个"舞"就是一个象形字，双手张开，拿着跳舞的道具，张开双脚，载歌载舞的欢快形象跃然纸上，比小篆要更为生动形象。

舞蹈是人表达情感的最高形式了。《毛诗序》说："情动于中而形于言，言之不足，故嗟叹之，嗟叹之不足，故咏歌之，咏歌之不足，不知手之舞之足之蹈之也。"人的心中有了情感，那就要抒发，说话不足以抒发，那就要叹息长啸，叹息长啸不足以抒发，那就要吟诗唱歌，还不足以抒发，那就要来跳一支舞了。

舞（小篆）、舞（金文）

器用篇（上）

所谓文明，一在于无形的思想、制度、文化，二在于有形的器物、饮食、建筑，二者相辅相成。这一篇，我们将通过汉字了解中国古代的器用文明。通过这些工具、器物，我们将更加具体可感地了解古代人的生活。

鼎

"鼎"是一个象形字，下面有足，上面有两耳，中间是鼎身。

鼎是古代的国之重器。据说大禹曾经铸九鼎，代表九州。后来九鼎流传到周代，一直是王权的象征。春秋时期，楚庄王曾经问周天子的使者王孙满九鼎的轻重，有取代周室的野心。结果王孙满说："在德不在鼎。"意思是周室得天下是因为有德，而不是因为有鼎，你多问无益。到了战国时期，九鼎不知所踪，古来说法甚多。不过《史记》记载，秦始皇统一天下之后，巡行到徐州，命令千余人潜入泗水中打捞周鼎，却一无所获。

鼎最初其实就是一口炖肉的大锅，属于炊具，有三足的，有四足的。按古代的礼制，天子可以用九鼎用餐，就是吃九个菜。诸侯是七鼎，卿大夫是五鼎，一般的士人是三鼎。"钟鸣鼎食"就是说这家人大富大贵，听着编钟用鼎吃饭。

这锅不仅能煮菜，还能煮人。古代有种刑罚叫烹，就是把犯人扔到鼎里煮了。汉武帝时期的酷吏主父偃曾放出狠话，说大丈夫一生如不能列五鼎而食，就要受五鼎烹煮之刑，总之，富贵险中求，总得轰轰烈烈干一番。最后主父偃果然如愿以偿，既享受了权势与富贵，也得了个诛九族的结局。

鼎

鬲

"鬲"（lì）是象形字，鬲是古代一种煮饭的炊具，其主要的特点是有三条肥大中空的腿，能更有效地吸收热量。"鬲"字的小篆可以清晰地看到三条腿。"鬻"这个字，表现的就是用"鬲"煮"米"的情形，外面两个"弓"其实原本是两条曲线，表示煮粥时热腾腾的蒸汽。这个字后来省去下面的"鬲"，就是"粥"。"粥"最初就写作"鬻"。

在鬲上加甑，便可以蒸制食物。甑是陶制的蒸具，据说是黄帝发明的。中国人善于用蒸的方法烹饪。蒸不仅使热量的利用效率大幅提高，而且最能保持食物的原汁原味，所以历代沿用不废。《水浒传》里武大郎卖的炊饼，很多人以为是烧饼，其实是蒸发面饼。面食发酵这个技术是两晋前后开始发展的。晋朝的何曾，据说非常奢侈、浪费，蒸饼不蒸出十字花纹不吃，其实就是今天所谓的开花馒头一类的食物。

在古代，烤的面食叫作烧饼，水煮的面食叫作汤饼，蒸的面食叫作蒸饼。但是因为宋仁宗叫作赵祯，祯、蒸古代同音

鬲、鬻

（现代众多南方方言也不分），所以为了避讳，蒸饼改为炊饼。

鬲

皿

"皿"是盛饭菜用的器具，是一个象形字。它的字形，上面为托盘，下面为高脚。古代席地而坐，餐具放在地面席子或者矮桌上，高脚器皿使用起来比较方便，不必过分弯腰。祭祀的时候盛放贡品也用皿。"血"字就是"皿"中加一个"丶"，表示祭祀时装在皿中的牲血。

"皿"中盛满了水，则是"益"字。"益"的本义就是器皿里的水加满了，要溢出来了，后来这个意思写作"溢"，"益"则引申出增加、更加的意思。刘邦曾经问韩信："你看我能带多少兵？"韩信说："您最多能带十万兵。"刘邦又问："那么你呢？"韩信得意地说："我嘛，多多益善。"意思是越多越好。

皿、血、益

豆

豆是一种饮食器，上面一个碗，下面是高高细细的脚。豆一般是有盖子的，"豆"上面一横就象征这个盖子。孟子说："一箪食，一豆羹，得之则生，弗得则死。""一箪食"就是一箪米饭，"一豆羹"就是一豆肉汤。后来"豆"假借去指豆类，先秦时期豆类应该统称为"菽"。

豆、丰

祭祀装祭品也用豆。在豆里装满祭品，就是"豐"（丰）。所以"豐"（丰）是豆满满当当的形象，进而引申出丰满、丰收的含义。

缶

2008 年北京奥运会开幕式中有一幕击缶的表演，令人印象深刻，但是那个缶实际上已经经过了很大的改造。缶本是陶制成的坛子，用来盛酒。"缶"是象形字，一个中空的坛子，上面还有盖子。秦国的文化比较粗犷，有敲着缶唱歌的习俗，所以在秦地缶也算是乐器。

当年秦国和赵国在渑池会盟，秦王为了耍威风，就要求赵王表演鼓瑟。赵王也是比较窝囊的，就弹奏了一段。这时秦国的史官就记下来：某年某月某日，赵王为秦王鼓瑟。这时，赵国的蔺相如看不下去了，就上前要求秦王击缶。秦王不愿意，蔺相如说："我离大王不过五步，时刻准备跟大王您拼了！"秦王不得已，勉强敲了一下缶，蔺相如赶紧让史官记上：某年某月某日，秦王为赵王表演击缶。算是赵国扳回一局。

缶

爵、尊

古人礼仪场合饮酒用爵或者尊。"爵"其实就是一种酒杯。小篆的"爵"字形比较复杂，上半部分为象形，下半部分左边一个"鬯"（chàng），

右边一个"又"，表示手里拿着鬯。鬯是古代的一种添加香草调味的酒，所以"爵"表示饮酒器。古代的酒，尤其是浊酒，是比较浑的，讲究的话，喝时要过滤。爵上面有两个小立柱，据说是挂滤网的，喝酒的时候可以过滤掉酒糟。

爵

　　另一种高级的饮酒器是尊。"尊"是象形字，上半部分的"酉"是容器的象形，下半部分是两只手，捧着酒杯。爵和尊都是高级饮酒器，久而久之产生相关的引申义。"爵"引申出爵位的意思，而"尊"则引申出尊贵的意思。

尊

匏

　　古代喝水、饮酒还用匏（páo）。苏轼《赤壁赋》里提到"匏樽"，泛指酒杯。"匏"本是葫芦，形声字。"包"作为形旁，表示葫芦中空，能包藏事物。葫芦是天然的容器，把葫芦剖开就是瓢，成了天然的饮器，可谓天生万物以养人。孔子的弟子颜回"箪食瓢饮"，就是说他喝的是白水，日子过得清贫。

　　葫芦作为容器，激发了中国人多少浪漫的想象。太上老君的仙丹、铁拐李的妙药，都是装在宝葫芦里。汉代的费长房，曾经在街面上遇到一位卖药老翁，在店铺外挂着一个葫芦，每日做完生意就跳进葫芦里。

费长房带着好酒好肉前来拜访，希望老者赐教。于是老者带着他钻入葫芦里，里面富丽堂皇，两人在其中饮酒美餐，痛快淋漓。后来费长房追随老仙翁学道，不仅修得仙术，还学来医治百病的医术。今天我们说医生"悬壶济世"，这里的"壶"就是指葫芦。

笔（筆）

文化的传承有赖于纸笔（筆）。"筆"是会意字，上边竹字头，表示制造笔的材料；下面的"聿"是一只手抓住笔杆的形象。手里拿着笔在写东西，就是"書"（书）。"書"的本义是书法，而不是书本。"書"的

笔、书

小篆为形声字，上面"聿"表义，下面的"者"表音，但这读音变化太大，如今直观上感受不到了。"書"现在简化为"书"，是借鉴了草书的字形，也是来之有据的，不过造字的意图就不容易被看到了。

刀

"刀"是象形字。古代写字是在竹、木一类的材料上，写错了就要用刀刮去，相当于橡皮擦、修正带的作用，所以刀也是古代的必备文具。古代有种职业叫作"刀笔吏"，指的是基层的办事人员，因为他们终日与文字打交道，离不开刀笔。

刀笔吏在古代一般地位都不高，口碑也不甚好。不过，汉朝开国宰相萧何就是刀笔吏出身，终日与文书打交道。萧何擅长后勤、调度等工

作，不得不说与此有关。萧何深知文书对于统治国家的重要性。所以刘邦攻破咸阳，将领们都去抢劫金银财宝，只有萧何去抢秦朝留下的各种文书。如此一来，刘邦一方就对天下的人口、赋税、地理有了全面的掌握。

墨、砚

先秦时期的墨是由煤烟制成的，所以"墨"字上面是"黑"，表示墨的颜色，下面是"土"，表示制墨的材质。早期的墨，多为颗粒状，放在砚上用杵研开，与后代精美的块状、条状的墨是不同的。后代的墨为松烟制成，内含胶质，并且可以直接研磨。

"砚"指的是砚台，今天的砚台用光滑的石头制成。中国有四大名砚，分别是歙砚、端砚、澄泥砚、洮砚。不过早期的砚常常以陶、石、瓦、铜制成。

墨、砚

简、册

古代的书写载体主要是简、牍和帛。"简"是由竹子制成的，先将竹子制成条，经过杀青等处理工艺，再用牛皮绳编成。所谓杀青，就是烤得竹子冒出水分，也叫作汗青。后来就用汗青指代书籍、史册。文天祥有诗云："人生自古谁无死，留取丹心照汗青。"意思是要凭着一颗丹心留名青史。

把竹子条一根根并列着编好，这就是"册"。"册"的字形，就是编好的竹简的形象，竖线代表竹简，两条横线代表绳子。这个绳子称作

"韦"。有个成语叫作"韦编三绝",是说孔子爱读《周易》,反复看,把竹简的"韦"多次翻断了,这个成语形容读书勤奋。古代的竹简是论"册"的,后来纸质的书本也论"册"了。

竹简这东西虽然耐保存,但是实在是太重太占地方了,一大捆也写不了多少字。庄子说他的朋友惠子"学富五车",读的竹简能拉五车。

简、册

秦始皇每天处理公文都是论重量的,要批阅一石竹简才罢休,一石即一百二十斤(秦制,非今重)。汉代名臣东方朔当年初到长安,给朝廷上书,总共写了三千支竹简,要两个精壮大汉来搬,汉武帝足足两个月才看完。

经、典

今天我们把重要的书称为经典。所谓"经",指的是织布机上纵向的线,在操作织布机的时候,经线是固定不动的,横向的纬线则来回穿梭。所以"经"就有了恒定不动的意思。被称为"经"的书,那就是万世不废的重要著作。在古代,能称得上经的,最初只有六部,即《诗经》《尚书》《礼记》《乐经》《易经》《春秋》,号称六经。但是后来《乐经》失传,便只有五经。汉代之后,人们不断扩充经书的队伍,最终形成包括《诗经》《尚书》《仪礼》《礼记》《周礼》《易经》《春秋左传》《春秋公羊传》《春秋谷梁传》《论语》《孟子》《孝经》《尔雅》在内的"十三经"。

"典"字上面是一个"册",下面是一张小桌子。"册"就是竹简,竹简放在桌子上,表示这部竹简被供起来了,是受到尊崇的。比如法典、经典、字典，都用典，表示它们地位很高。

经、典

经典在古代实在重要。汉代有句谚语，说"遗子黄金满籯，不如一经"，意思是给孩子留一箱子黄金，不如留下一部经书。因为在一个没有理财产品的年代，黄金毕竟有花完的时候，但是只要通晓一部经典，就有机会做官，那才是捧上了真正的金饭碗。

籍

有的人写"狼藉"一词，常常将"藉"误写为"籍"。其实二者很容易区分。"藉"是"艹"头，表示草编织的席子。"狼藉"的本义就是未经精编的席子，所以引申出邋遢、脏乱的意思。而"籍"是"竹"头，它是竹子编成的，那就是竹简册子，因此"籍"有书籍、册子的意思。重要的书籍就称为典籍。"籍籍无名"就是说每个册子里都没有名字，形容人一点名气也没有。

牍（牘）

古人写字有时候写在竹子条上，有时候写在木片上。竹子条叫简，木片叫牍（牘）。"牍"是一个形声字，"片"在其中表义。"片"的小篆，恰是"木"的一半，所以"片"的本义是劈开木头。把木头劈成一片片的，打磨光滑，就成了写字的"牍"。

"案牍"一词就是书案上的公文。刘禹锡在《陋室铭》里说"无案牍之劳形"，在他的小陋室里待着，弹弹琴，看看佛经，劳碌身体的公务是一点也不干的，岂不美哉！

帛

先秦时期的书写材料，若论轻便，当属帛。帛是一种丝织品，所以"帛"底下是一个"巾"。上面的"白"表音也表义，帛最初就是白色的。作为书写载体，帛比简牍轻便，但造价也更高，一般人是写不起的。人们在帛上写字，习惯在帛上打出分界竖线，称之为界栏，然后在界栏内行文。这是受了竹简的影响。后来用纸来书写、印刷、装订成书，依旧保留着界栏的传统，成为我国古代书籍的特色。

白居易《琵琶行》说琵琶女弹奏到最后，"曲终收拨当心画，四弦一声如裂帛"。那就是一个大扫弦，"砰"的一声，好像撕裂开帛一样，干脆又利落。这里用"裂帛"作比，是有典故的。据说夏朝最后的君主夏桀，宠幸妃子妹喜，这个妹喜特别喜欢听"裂缯之声"，裂缯就是裂帛，听了这声音她就笑。夏桀便专门拿缯帛出来撕，讨妹喜的欢心。曹雪芹写《红楼梦》，有个情节是贾宝玉为了讨晴雯一笑，拿扇子给她撕了玩，恐怕是借鉴于此。

贾宝玉还有一套道理："这些东西原不过是借人所用，你爱这样，我爱那样，各自性情不同。比如那扇子原是扇的，你要撕着玩也可以使

得，只是不可生气时拿他出气。就如杯盘，原是盛东西的，你喜听那一声响，就故意的碎了也可以使得。"同样是糟践东西，夏桀就落了个荒唐昏聩之名，贾宝玉却颇见通透率性之趣。

衣

"衣"读音为 yī，《说文解字》认为是因为衣服"依"在人身上。看小篆的"衣"，下面是两个"人"，难解其意。许慎认为，二"人"象征富贵之人与贫贱之人。无论贫富，皆要穿衣。所谓"衣被苍生"，苍生没有不穿衣服的。但是看甲骨文就明白多了，"衣"正是古代衣襟相交的形象。中国古代的衣服是交领的，即两边衣襟相交。

衣（小篆）、衣（甲骨文）

按古人的礼仪，从自己这个角度看，左衣襟压在右衣襟上，称为"右衽"。如果反过来穿，那就是"左衽"，是蛮夷的穿法。孔子曾经说，管仲这个人是伟大的，如果没有管仲，华夏族就要没落了，恐怕大家都要跟着蛮夷作"披发左衽"的打扮了。

常

上衣称为"衣"，下衣称为"常"，后来写作"裳"。"常"是一个形声字，"尚"表音，"巾"表义。下衣不是裤子，而是裙子。古代人没有裤子穿，两腿各套一条腿套，叫作胫衣，没有裤裆。外面再穿"常"加以遮挡。所以古人席地正坐也是有客观原因的，如果不把腿叠起来，恐怕就要走光，十分不雅。古代有种粗鄙的坐法叫"箕踞"，就是像个簸箕一样，两腿一伸，坐在地上，城门大开，这是很不礼貌的。当年荆轲刺秦王失手了，被秦王砍伤，知道自己活不成了，就箕踞而骂，表示对秦王的轻蔑。

先秦时期的人没有裤子，所以就不方便骑马，打仗只能乘车。在

平原上，战车对战车当然是没有问题的。但是到了山地，遇到胡人的

骑兵就相对被动。胡人是有裤子的，可以骑马作战。赵国的国君赵武灵王就推动服饰改革，要求赵国上下穿胡服，由此训练出一支强大的骑兵，史称"胡服骑射"。这使得赵国一跃成为秦国东进最强大的对手。

表、里（裹）

"表"和"里"（裹）都与衣服有关。"表"的小篆，是由"衣"和"毛"穿插组成的。"表"表示皮衣有毛的那一面，这一面一般是朝外的，所以"表"就是衣服的外面，引申出外层、表面的意思。比如说江表，指的就是江南地区。因为古代中原人站在中原往南看，长江之南就是长江之外，于是称之为江表。表哥、表姐为何以表为名？也是因为表哥表姐是外家的，不是本家的。

而"裹"就是衣服的里面，是形声字，上下是拆分的"衣"，表义；中间是"里"，里弄的里，本义是居住区的单位，这里只表音。现在也有很多以里为名的地方，比如北京海淀区有知春里。后来简化字把"裹"和"里"合并为一个字，"里"就成为多义字了。

车（車）

据说夏朝就有车了。最初的"车"写作"轚"，右侧两个"戈"，表

示拿着戈的武士；左侧两个"車"，是车轮的象形。这里的车体是俯视的，车轮却是侧视的，有点毕加索画风的趣味。后来文字简化，只用一个车轮——"車"来代表车。三辆"車"合在一起是"轰"（轟），表示好多车奔腾而过的声响。

古代乘车有严格的礼仪规定，古书记载："天子驾六，诸侯驾五，卿驾四，大夫三，士二，庶人一。"即天子可以享用六马拉车，后边依次递减。古代人还争论过天子到底是驾六还是驾四，直到2002年洛阳出土了天子驾六的实物，这一段公案算是彻底了结。不过，礼仪归礼仪，现实归现实。西汉初年，国家因为连年征战，马匹匮乏，刘邦的车竟然配不齐四匹毛色相同的马，那就别说驾六了。至于公卿大夫，只能凑合着坐牛车，出门上朝也别急了，慢悠悠地来吧。

无论是什么级别的车，都免不了颠簸，毕竟古代车辆的减震技术和道路的平整程度摆在那里了。汉代皇帝有时候请一些德高望重的老学者来京会见，就要"安车蒲轮"去接，就是在车轮上包裹蒲草，起到减震的作用，减轻老人家长途旅行的辛苦。

車（籀文）、车（小篆）

辇

我们今天受电视剧的影响，以为古代的车都是用马来拉的。其实用马拉车虽然动力十足，却并不舒适。达官贵族在城内、宫内出行，乘坐的是人力车，称为辇。"辇"字上面两个"夫"表示拉车的人，下面则是所拉之车。"辇"虽然慢，但主打一个安全、平稳、舒适。杜牧在《阿房宫赋》中说，六国灭亡后，贵族们被秦始皇迁移到关中，叫作"辇来于秦"，就是乘着辇车来到秦国。果真如此的话，那真是极其有排面了，只是不知道要走到何年何月。

后来王公贵族们觉得车轮还是颠簸，毕竟那时没有充气车胎，于是干脆把车轮去掉，直接用人来抬着，这就叫步辇。在阎立本画的《步辇图》里面，唐太宗便坐在由宫女抬着的步辇之中。

《步辇图》（局部）

轨

"轨"指的是车两轮间的距离，今天称为轮距。"轨"为形声字，"九"表读音（古音相近）。后来"轨"引申为轨道的意思，轨道要保持轮距一致。据说西周时期都城的马路宽"九轨"，就是能够并排跑九辆车。秦始皇统一中国，实行"车同轨"，就是将全国车辆的宽度统一，方便修筑规格统一的高速公路——驰道。

军

古代行军驻扎，用战车在军营外围环绕一周，敌军不容易冲进来，起到防守的作用。"军"中的"冖"是军车环绕的象征。有时候太阳周边会出现一圈光圈，称为日晕。为什么称之为"晕"？正是因为"军"有环绕的意思。

所以，"军"的本义是驻扎。晋文公、秦穆公攻打郑国，《左传》记载道："晋军函陵，秦军氾南。"这里的"军"都是驻扎的意思。

"军"后来引申为军队的意思。"三军未动，粮草先行"，这里的"军"是军队的意思。所谓"三军"，初指左、中、右或者前、中、后三军，后来也有按兵种区分的，比如马、步、水三军。

战国之前的战争以车战为主，一辆战车以四匹马拉。"君子一言，驷马难追"，这里的"驷马"就指四匹马拉的车，用今天的话讲就是四缸发动机，动力强、速度快。当然了，跟天子的座驾——"天子驾六"比，还是差了一个档次。

古代的战车车厢内配备甲士三人，车下配备七十二人，组成一个战车方阵，称为一乘。所谓千乘之国，就有七万多军队，这是春秋时期的中等国家。

舟

陆行用车，水行乘舟。"舟"是象形字，是独木舟的形象。"受"就是一只手把舟交给另一只手,在文言文里既有接受也有交授的意思。

　　舟在中国文化中是颇有诗意的事物。传说当年越国的谋臣范蠡,辅佐勾践称霸之后,看出来勾践是个过河拆桥的人物,就急流勇退,辞官归隐,携美女西施,过上了泛舟五湖的自在生活。这"舟"从此就有了自在的意味。李白诗中说"人生在世不称意,明朝散发弄扁舟",把泛舟看作归隐的象征。当然,漂泊的游子,也有借舟而感伤的时候,比如杜甫写"危樯独夜舟""老病有孤舟",这"舟"又使人感觉孤零零的、怪可怜的。

舟、受(甲骨文)

　　古代渡河,还乘坐"筏"和"桴","筏"就是大木排,"桴"是小木排。不过,更多的时候,一般的老百姓遇见小河就直接蹚过去,遇见大河的话就把葫芦缠在腰上,浮水过河。

器用篇（下）

上一篇，我们了解了古代规格最高的器物——礼器，以及治国理政相关的刀笔文具，还有与生活相关的衣食住行等器用，这一篇我们来了解工具、兵器以及商业离不开的钱币等器物。

巨

俗话讲，没有规矩，不成方圆。矩是一种直角拐尺，可以用来画方。规则是圆规，用来画圆。没有这两样工具，是画不出方形和圆形的。

"矩"最初写作"巨"，一只手拿着一个"工"字形的工具，这个"工"就是一把拐角尺。后来"巨"添加"矢"旁，组成"矩"。"矢"本义是箭，箭直直地射出去，所以引申出直的意思。"周道如砥，其直如矢"，就是说周朝的大道如箭般笔直。所以，用"矢"作"矩"的偏旁，表示拿矩可以画出直线来。

后来用"规矩"指种种法则。古代伏羲、女娲的画像里，伏羲拿着矩，女娲拿着规，表示伏羲、女娲不仅创造了人，也为人世制定了法则。

伏羲、女娲

斤

"斤"的本义是斧头，为象形字。"斤"字的小篆，左侧是一把斧子，有斧头，有手柄；右侧象征一块木头。后来"斤"被假借为重量单位，于是在"斤"上加声旁"父"另造"斧"字。古人常常"斧斤"连用，表示斧子。

庄子讲过一个"运斤成风"的故事。说是楚国有位匠人，名字叫作石，他和他的朋友表演过一套绝活。他的朋友在鼻子上抹上一层白粉，石运起斧斤，呼呼生风，也不必看，只凭耳听，一把抡过去，就把这层白粉刮掉了。再看他的朋友，毫发无伤，若无其事。后来人们就用"运斤成风"表示技艺高超。

耒

种地要翻土，古代翻土用的农具叫作"耒"，耒是木制的，前头分两叉或三叉，因此"耒"的主要部件是"木"字，上面三道横象征叉头。我们常看到的大禹治水的画，他手里拿着一个类似铲子的东西，那就是耒。大禹就是拿着耒疏通水道，治理水患。

古代人搞井田制，把一块田分成九份，八份是私田，一份作公田，好像一个"井"字。所以拿着耒去田里劳作，就叫作"耕"，而两个人合作耕地就叫作"耦"。

大禹

网

"网"是一个象形字，用交叉的线条表示网的编织线。网可以打鱼，也可以捕鸟兽。据说商汤看到一位猎人，四面设网，捕捉鸟兽，商汤就说这太残忍了，让他撤掉三面网，只留一面，那么冲进网里的鸟兽就是自寻死路的，也不必怜惜了。一些小部落听说了这件事，都觉得商汤讲仁义，前来投奔他。

很多与网有关的字，都是"网"头。比如"罗"（羅），最初的写法，上面是"网"，下面是"隹"，"隹"就是鸟，所以"罗"的意思就是捕鸟。后来加"糸"，表示网是丝线编织的。

古代还有竹制的鱼网，称为"罪"。"罪"是形声字，上面是"网"，表义；下面是"非"，表音。犯罪的"罪"，本来写作"辠"。古代犯了罪，有一种割掉鼻子的刑罚，所以"辠"上面是个"自"，表示鼻子，下面是个"辛"，表示遭遇刀锯的刑罚。

不过秦始皇觉得这个"辠"与"皇"太像了，容易引发人不好的联想，冒犯了自己皇帝的权威，所以废除了"辠"字，用"罪"替代来表示犯罪的意思。

兵

"兵"的本义是兵器，是一个象形字。小篆"兵"的中间是兵器戈的形象，两侧是两只拿着戈的"手"。这两只"手"起到衬托的作用。"短兵相接"就是说战斗激烈，展开了近距离搏杀。后来"兵"引申出士兵、军队的意思。

中国人讲究"止戈为武"，认为不打仗才是最厉害的。同样，《孙子兵法》说："上兵伐谋，其次伐交，其次伐兵，其下攻城。"最高明的用兵之道，就是使用谋略，不战而屈人之兵。次一等的通过外交政治手段，纵横捭阖，打败对手。实在不行就"伐兵"，那就是拿起武器，双方军队大战一番，一决胜负。最糟糕的就是攻打城池，难度最大，死伤最多。

矛、戈、槊、戟

"矛"和"戈"都是象形字。矛与戈都是长柄的武器，约四米长，主要应用于先秦时期的车战。车战交战双方距离较远，需要长武器。其中，矛是直头兵器，使用的方法就是借着战车的冲力，以直刺的方法杀伤敌人，古人称之为"刺兵"。

矛

矛

戈

戈是平头兵器，靠侧抡杀伤敌人，同样也是要借助战车的冲力，古人称之为"勾兵"。咱们常说"干戈"，"干"是盾牌，"干戈"代指战争。"戒"即双手持戈之形（"廾"为双手，见"人体篇""手"字），表示戒备、防备。

戈

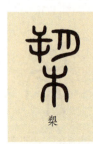

槊

后代所谓的"槊"，其实就是加强版的骑兵专用矛，形制有一丈八尺，《三国演义》里张飞拿的"丈八蛇矛"以及曹操"横槊赋诗"的"槊"都是指此类兵器。总的来说，矛、槊和后代的枪是比较像的，都是长柄刺兵。其区别在于，矛、槊是车兵、骑兵使用的，长度更长，柄的硬度更高，这样能更有效地给对手造成贯穿伤害。但是，枪一般是给步兵配备的，长度更短，而且柄有一定的弹性，使得枪的用法更复杂多样，对使用者的技巧要求也更高。

而将矛和戈结合起来，既能刺又能钩的兵器就是戟。吕布所用的就是这类兵器。当年袁术派兵攻打刘备，吕布前来劝阻。吕布说："我吕布生性不喜欢打斗，喜欢解斗。"于是命人将戟插在营门外，吕布说："倘若我一箭射中戟的小枝，两家就罢兵吧。"这个小枝就是戟横置用以钩杀的部分，叫作"援"。吕布拉弓放箭，一箭即中。袁术的将领看吕布前来援手，又如此神威，只好撤军。

戟

戟

矢、射

古代把箭称作"矢"。"矢"是个象形字，上面是箭头，中间是箭杆，底下是箭尾的羽毛。"有的放矢"就是找准目标再放箭。小篆"矢"的左边加一个"身"，表示一个人在射箭，这就是"射"。

在古代，射箭不仅是军事活动，还是礼仪活动、体育活动。古代乡里有"射礼"，就是联谊性质的射箭比赛。《论语》中记载，这种射箭比赛中，先要互相行礼，然后登台比赛。比赛结束后还要互相敬酒，气氛其乐融融。孔子还说过，这个射箭比赛，只比准头，不比力气。以射中靶心为胜，射穿靶子没用。"射"是古代六艺之一，贵族子弟的必修功课。

矢、射

孔子本人不仅善于射箭，还有一套射箭的理论。"弋"是尾巴系了丝绳的箭，这是为了增加箭飞行的稳定性。孔子射鸟，从不射趴在窝里休息的鸟，不搞偷袭，不乘鸟之危，所谓"弋不射宿"。

更多的时候，射箭这门技艺是用于战场作战的。马上射箭，机动性强，威力奇大。汉代的飞将军李广，一次外出巡逻，见到草丛中有一只老虎，一箭射去，才发现是一块石头，而箭头已经没入石头中了。后代蒙古大军正是因善于骑射而战无不胜。

弓

"弓"是一个象形字。文武之道，一张一弛。张就是拉开弓，弛就是松开弓。做人做事不能拉得太紧，总得松松紧紧，才做得长久，不至于中途绷断。春秋时期的神箭手，首推楚国的养由基，据说此人能百步穿杨。

《吕氏春秋》中有个关于弓的寓言。说是曾经有个楚人，丢失了一张弓，人家劝他去找，他说："楚人丢了弓，最终是楚人捡到弓，找他作甚？"孔子听说了之后，说："格局还不够，只需要说人丢了弓，人捡到弓就行了，何必强调楚呢？"结果，老子听到这个故事后说："只要说丢了弓，得到弓就好，又何必强调人呢？"是啊，弓本来就在天地之中，依旧还在天地之中，说什么丢和不丢？这么看来，老子的格局是最大的，境界是最高的。

"弓"加声旁"奴"构成"弩"。"弩"是有臂的弓，靠扣动扳机发射箭。诸葛亮制作连弩，一次能发射十支箭。"弩"是古代中原军队抗击胡人骑兵最为有效的武器。

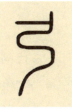

剑（劍）

"剑"（劍）是一个形声字，右侧立刀旁由"刀"变化而来。剑本是一种步兵近战的武器，或者随身佩戴作为防身之用。先秦时期，吴越地区多水网，车战不利，多是步兵近战，所以剑非常流行，此地也出了很多铸剑的大师。

后来剑成为一种礼仪性的武器，作为装饰品来佩戴。比如我们现在看孔子的画像，就是佩剑的。汉高祖刘邦常说"吾以布衣提三尺剑取天下"，很有一种天不怕地不怕的气势。

汉代的时候，士大夫无论文武无不佩剑。但是上朝进殿时不可以佩剑，需要解下来。萧何作为开国功臣，功劳排在首位，刘邦特地允许他"剑履上殿"，即不脱鞋、不解剑上朝。后来，这个"剑履上殿"基本就成了权臣彰显权势的标准配置，甚至是篡位的预兆。据说，董卓、曹操都享受过"入朝不趋、剑履上殿、赞拜不名"这样一套组合待遇，即上殿可以不必小步快走，可以佩剑穿鞋，最后礼赞官不直呼其名。

到了魏晋时期，百官仍然有佩剑的习惯，但是已经改佩木剑了，再后来，除非是武将，一般的士大夫就不再佩剑了。中华民族曾经是文武并重的，甚至一度盛行尚武的风气。但从宋代之后，随着科举制的推行，我们越来越崇尚文教，尚武之风式微。这从佩剑的变化中也可以看到。

胄、兜

古代的头盔叫作"胄"。"胄"下边是"冃"（mào），并不是"月"，它是一个象形字，象头盔之形。上边的"由"表音，无实义。还有一个表示头盔的象形字，就是"兜"。"兜"下半部分的"儿"是人的形象，上半部分是头盔的形象。所以古代的头盔也叫"兜鍪（móu）"。

宋代诗人杨万里有首《插秧歌》，写农家插秧的场景，清新活泼。诗云：

> 田夫抛秧田妇接，小儿拔秧大儿插。
> 笠是兜鍪蓑是甲，雨从头上湿到胛。
> 唤渠朝餐歇半霎，低头折腰只不答。
> 秧根未牢莳未匝，照管鹅儿与雏鸭。

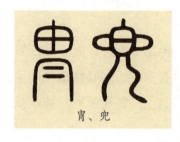

胄、兜

农夫插秧，头上戴着斗笠，不就是他的兜鍪吗？身上穿着挡雨的蓑衣，恰如他的盔甲。这真是种田如行军，那么农夫的敌人在哪里呢？原来就是那些鹅和鸭啊，一不留神，就要溜进稻田里来糟蹋秧苗。

胄

㫃

"㫃"（yǎn）是军旗飘动的样子，左侧的"方"其实是旗杆的象形，上边还有一个叫作旗斗的部分。右侧的"人"则是飘动的旗帜。以"㫃"为偏旁的字多与旗帜、军旅有关。比如"旗"就是在"㫃"的基础上加声旁"其"另造的字。"旅"字，小篆是"㫃"下边两个"人"字，代表旗帜下的一队人马，表示一支队伍，所谓军旅是也。

㫃、旅

在"㫃"下加"疋"（shū），"疋"是脚的意思，表示一个人一边跑一边挥动旋转旗帜，以此指挥军队，这个字就是"旋"。"旋"由旋转引申为回转、回归。"死不旋踵"就是说战士们战斗意志坚定，即使战死也不回转脚步。得胜归来叫作"凯旋"，因为"凯"有快乐的意思。这里"旋"是回归了，倘若我们说"凯旋而归"，那就重复表意了。

卩

看甲骨文字形，"卩"（jié）应该是一个跪地的人的形象，最初应指俘虏。而"印"则是用手押着俘虏的形象。到了小篆时代，字形、字义、字理都发生了较大的变化。

"卩"也写作"卪"。"卩"指的是古代官方的凭证，比如关口的通行要用"卩"，军队的调动也要用"卩"。后来假借"节"来表示"卩"的意思，"卩"就只做偏旁用了。

古代的使者，持节出行，就可以在官方的大道上畅通无阻，途经驿站，可以吃喝住宿。苏武出使匈奴被扣留，十九年间日日守着自己的节，拄节而牧羊。这节是使命的象征，也是国家的象征。苏武的节上还有旄，即用牦牛尾做的装饰。苏武在匈奴风吹雪打，节旄尽落。

　　就形制而言，节有虎形、马形、龙形、竹形。有的节制成一对，使用时两者相合，才能得到验证。所以《说文解字》认为，"卪"是两者相合的象形。而"印"字，就是一只手抓着"卪"的形象，表示执政者手中的印信，成为权力的象征。

　　战国时，秦国攻打赵国，赵国向魏国求救。魏国派出大将晋鄙率军救援，但是晋鄙走在半路上却扎住阵脚，按兵不动。魏国的信陵君因为与赵国的平原君交好，这时候心急如焚。门客侯生出了主意，建议他联络魏王的宠妃盗取用兵的符节，这样就可以掌控晋鄙的部队。信陵君依计而行，盗来符节，前往晋鄙军中，要求晋鄙发兵。晋鄙将

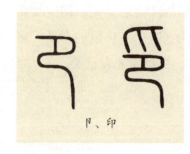

卪、印

手中的半块符节与信陵君的符节合上，验明无误，却依旧犹犹豫豫，心生怀疑。信陵君手下的壮士朱亥一看情形不对，立刻从袖子里抽出四十斤重的铁锤，一举打死晋鄙。信陵君这才接管了部队，前往救赵。

贝（貝）、钱（錢）

　　"贝"（貝）是象形字，指贝壳。上古时期，在金属货币产生之前，人们以珍贵的海贝为货币。古人居住于内陆，贝壳不易获得，具备很高的稀有性。所以，宝物叫作宝贝。

　　"钱"（錢）是金属货币。其实"钱"的本义不是货币，而是一种农

具，类似于前面讲过的耒。后来人们铸造金属货币，用青铜铸造成农具的形状，因此称货币为"钱"。至于我们熟悉的圆形方孔的钱币，是秦朝推行的样式，是之后才有的。

被当作货币使用的贝

农具造型的先秦钱币

秦朝的钱币上有"半两"字样，一枚重为半两，号称半两钱。汉代货币重量、形制样式繁多，变化频繁，最有名的是汉武帝时期铸造的五铢钱，即重五铢的铜钱。动荡年代，铜钱实际重量往往小于名义重量，还有所谓"当十钱""当百钱"，顾名思义就是以一钱当成十钱、百钱。譬如刘备就曾经铸造过以一当百的"直百五铢",一钱重量还是五铢,甚至还不够五铢,面额却是一百钱。这样一来,虽然短期内可以解决朝廷的钱荒,但容易进一步加剧货币贬值,引发物价飞涨,造成经济灾难。

古代跟钱财相关的字,往往以"贝"作为偏旁。比如"财""货""资",都是财物的意思。"贿"字也是财物的意思,"赂"则是赠送财物的意思,最初并无贬义。而商业交易则被称为"贾",后来干脆把商人称为"商贾"。

还有一些"贝"做偏旁的字,看似与钱无关,其实都与钱有关。比如"负"是依靠、倚仗的意思。"负"上面一个"人",下面一个"贝",象征一个人守着好多钱。有了钱,就有所倚仗了。又比如"贤",本义是多财,后来才引申为多才。

钱对人们的生活、社会运转、国家发展的作用实在是太重大了,它不仅仅是财富,更是组织社会、运转社会的重要媒介。钱的身影无处不在,所以我们才会在生活中遇到如此多与"贝"相关的字。

买（買）、卖（賣）

"买"（買）和"卖"（賣）的小篆都以"贝"为底,表示与货币相关。这是两个会意字。"買"字是"网"字头,有获取、得到的意思,所以"買"就是用贝去购得东西。而"賣"则是上面一个"出"（楷书改为"士"）,下面一个"買",意思是把买进来的东西拿出去换钱,做买卖就是买进卖出。简化字"买""卖"都是根据草书字形改造而来的。

古代做买卖,就有所谓"垄断"的行为。"垄断"一词见于《孟子》。

孟子说，市场上有一群逐利之徒，站在"垄断"之处，左右观望，观察行情变化，准备把所有的利益一网打尽。这个"垄断"处就是丘垄高而断开的地方，位置高，视野开阔，可以看清楚整个市场的动向。

买卖不仅是商人赚钱的营生，还是一种特殊的战争手段。最早通过买和卖打经济战的人是齐国的管仲。为了和楚国争霸，管仲命令国内铸造钱币，到楚国去高价购买野鹿，这样一来，楚国野鹿价格大涨，老百姓不种地了，都去打猎。等到楚国的农业荒废得差不多了，管仲就开始向楚国卖粮食。这样一来，楚国便不得不靠着齐国吃饭，仰齐国的鼻息。一买一卖，不费一兵一卒，楚国就被齐国轻松拿捏了。

买、卖

【第九讲:】

饮食篇

民以食为天，中国人尤重饮食，不仅菜系流派众多，技艺丰富，而且由此衍生出无穷无尽的美学、哲理与智慧。《孟子》中有"食色性也"的说法，好色是难登大雅之堂的，贪吃却无碍清誉，甚至别有风雅。且不论苏东坡、袁枚这些老饕，连孔子也对吃喝有讲究。这一篇，我们通过与饮食相关的字，来了解中国的饮食文化。

食

"食"的本义是聚集起来的粮食。在小篆中，"食"的下半部分为"皀"，意思是香气，表示粮食充满馨香。上面是个"亼"，有人说表音，无实义；有人说三条线会合，有集合的意思，整个字就是表示聚集起来的粮食，是会意字。

如果看甲骨文，则更为直接明了。"食"就是一个盛放食物的高脚容器，上面有个盖子，后来引申出粮食的意思。

孔子说自己"食不厌精"，并不是泛泛地说他吃东西讲究、精致。"精"是挑选米粒的意思。孔子那时候主要吃小米饭，"食不厌精"是说他吃小

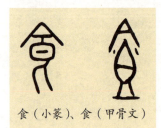

食（小篆）、食（甲骨文）

米饭，喜欢舂米舂得精致些，对米粒筛选得细致些。舂得不细，筛得粗糙，做出来的饭里面就容易有谷糠和碎米。但是孔子这个人不矫情，有好的当然喜欢吃，没有好的，就"饭疏食"，吃点粗糙米饭，也是可以知足常乐的。

乡（鄉）

中国人特别讲究乡情、乡谊。"乡"（鄉）的甲骨文字形，左右两边

是两个相对的人，中间是一个盛放食物的容器。整个字形就是两个人相对而坐，在一口锅里吃饭，表现同乡之人聚餐的情形。所以，同乡就是坐在一起吃饭的人。

中国人重视乡情是自古有之的。费孝通先生说传统中国是"乡土社会"，讲究人情往来。而中国人联络感情的主要形式，正是一起吃饭。

乡（小篆）、乡（甲骨文）

即、既

"即"和"既"是一对虚词，有时容易写混。"即"的小篆，是一个人跪坐于地，对着食器吃饭的画面，所以本义是去吃饭，引申为去、到、就着的意思。比如说"即位"就是去到皇位、王位上，"即兴"是就着兴致。

而"既"则是一个人转过身，背对着食器，表示吃完饭，所以"既"有已经、完成的意思。"既然"就是已经这样了。

即、既

禾

"禾"就是谷子，象形字。它的形象就是谷子成熟，谷穗饱满而低垂。今天"禾"是粮食作物的统称，在古代"禾"特指谷子，就是粟，也叫作稷，今天称为小米。

谷子的"谷"，本写作"穀"，形声字，后来与山谷的"谷"合并为一字。古代有"五谷"的说法，但具体所指不一，比较经典的说法是稻、黍（大黄米）、稷（小米）、麦、菽（豆）。

年

"年"是一个形声字，上面是个"禾"，是谷穗成熟低垂的形象；下面是个"千"，表音。"年"的本义就是谷物成熟。谷物成熟收获的周期为一年，所以"年"引申出时间单位的含义。今天人们常常说"年"是一种怪兽，过年放鞭炮驱赶年兽云云，虽然有趣，却是后来人的附会，当成一种趣谈就好。

稷

"稷"是形声字，也是指谷子，就是小米。古代中原以小米为主要的粮食作物，因此把稷视为五谷之长，进而用"稷"代指谷神。我们常说"江山社稷"，其中，"社"是土地神，而"稷"则是谷神。有土地，有粮食，人们才能安居，才能吃饱饭，所以用"社稷"代指国家。古代历朝有社稷坛，专门祭祀土地神与五谷神，祈求五谷丰登、国泰民安。明清社稷坛就在今天北京故宫旁边的中山公园。

周代的祖先名为后稷，传说是姜嫄踩巨人脚印而生的。姜嫄以为不祥，于是遗弃在林子里。结果，不仅这孩子没冻死、饿死，林子里的动物还来照顾他、保护他，姜嫄觉得这孩子有点神通，又抱了回来，给他取名叫作"弃"，意思是被抛弃了的孩子。弃年幼时就喜欢种点豆子、麻之类的农作物，成年后更是善于耕种，带领族人开展农耕事业，因此后人称之为"后稷"，奉为谷神。这里的"后"是帝王、领袖的意思。

米

"米"主要指稻米，也泛指各类粮食，比如大米、小米、玉米、高粱米。杜甫有一句回忆开元盛世的诗："忆昔开元全盛日，小邑犹藏万家室。稻米流脂粟米白，公私仓廪俱丰实。"稻米、粟米都称为"米"。

不过，"米"最初特指粟米，就是小米。"米"是一个象形字，用四个点代指米粒。后来点拉长，渐渐失去造字的原意。古代中原地区主要是吃小米饭，而非大米饭。比如有名的伯夷、叔齐二人，反对周武王伐商，周朝得了天下之后，坚决"不食周粟"，跑到首阳山上挖野菜充饥，最终饿死。《劝学诗》里说："富家不用买良田，书中自有千钟粟。"把"千钟粟"作为官位的象征，意思是只要好好读书，自然有官做、有饭吃，不必急着买田置业。

舂

为粟脱壳的工序称为"舂"。"舂"是一个会意字，上面是两只手，拿着一根杵；下面一个"臼"，是盛放粟的石槽。把粟放在石臼里，拿杵捣粟，即可为粟脱壳，得到粟米。陆游曾经写诗道："妄想说梅犹止渴，真闻舂米固忘饥。"意思是舂米的时候，米香四溢，闻一闻就顶饱。

不过，舂也并不是总与美好的米香联系在一起。在秦汉时期，有一种叫作城旦舂的刑罚，男罚城旦（筑城），女罚舂米，是徒刑中最重的

刑罚。城旦舂往往是无期徒刑，那就要终生从事修城墙、舂米的苦力工作了。倘若是斩黥城旦舂、黥劓城旦舂之类的名目，则还有斩去脚趾、脸上刺字、割去鼻子之类的附加惩罚。

香

古代人把粮食看得很珍贵，很多美好的字都与粮食有关。比如"香"，上半部分是"黍"，就是今天所谓的大黄米，下面是一个"甘"，吃上一口软糯甘甜的黄米饭，那种味道就叫作香！

利

"利"为会意字。左边是"禾"，右边是一把刀，用刀收割谷物，就是获利。在古代，无论对一个人还是对一个国家，最大的利益莫过于收获粮食。后来"利"字泛指一切利益。

中国的传统文化是不愿意谈利的，比如孔子就讲过"君子喻于义，小人喻于利"。孔子的弟子子贡是大商人，会赚钱，对师门也非常慷慨。然而孔子评价说，子贡这小子不过是运气好罢了，行情总能猜得准。要是境界高，还得是安贫乐道的颜回！

战国时期，孟子周游列国，传播仁义王道，闭口不谈利益。子思

（孔伋，孔子之孙）却告诉他，利益和仁义其实是统一的，因为治国最大的仁义就是让老百姓得到利益。《周易》第一卦"乾"，开篇就说乾之德是四个字："元亨利贞。"乾就是天，天使万物萌生，称为元；使万物交通，称为亨；使万物各得其所，称为利；使万物各守其正道，称为贞。子思解释说，万物、万民各得其利，这就是最大的义。所以子思的格局还是比孟子大，看到了义利的统一。

来（來）

"来"（來）本来是指麦子，一根麦秆，两束麦穗，尖尖的还有麦芒。周代人觉得麦子是上天赐来的，所以用"来"表示来到之意。

齐（齊）

"齐"（齊）是一个象形字，上半部分描绘了三支麦穗的形象，下面的"二"表土地。"齐"是麦穗整整齐齐的样子，后来引申为整齐。但是这个字写出来，三支麦穗为何还是有高有低呢？古人说，这是因为地势不平，麦穗有高有低，就麦子本身而言，仍然是整齐的。

古代用"齐州"这个名称称呼中国。唐代诗人李贺有诗云："遥望齐州九点烟，一泓海水杯中泻。""齐"与"脐"通假，肚脐在人的中间，所以"齐"也可以表示中间、中央。那么，"齐州"就是"中州"，就代表了中国。

农（農）

中国古代以农业立国，把农业看作国家的根本。"农"（農）的造字原理与"晨"（晨）相似，上面是一双手"臼"，下面是一个"辰"。之前讲过，"辰"是犁一类的农具（见"天象篇""晨"字），所以"农"字的意思就是手持农具去劳作。字中的"囟"表音，无实义。

肉

"肉"是一个象形字，表示切好的大块肉的形象。很多与肉相关的字都是"肉"字旁，但是由于小篆中"肉"和"月"极相似，导致楷书中很多应该以"肉"为旁的字实际上都写作"月"旁，比如脂、肪、肥、胖等。把"肉"放在火上烤，就是"炙"，是烤肉的意思。

在古代，老百姓不容易吃到肉。比如孟子心中理想的社会，不过是"鸡豚狗彘之畜，无失其时，七十者可以食肉矣"。假设统治者不扰民，让老百姓安心从事生产，那么七十岁的人应该就可以吃上肉了。所以，在孟子的时代能吃上肉的都不是一般人。古人用"肉食者"称呼在位做官的人。当年齐国的军队要去讨伐鲁国。开战前有个叫曹刿的人，跑去给鲁国国君建言献策，朋友就和他说："这是人家肉食者的事，跟你有什么关系？"曹刿说："肉食者目光短浅，缺少远谋。"

羔、美、羹

"羔"字上面是"羊"，下面是象征火的"灬"，看起来像是把羊放在火上烤。什么羊最适合烤着吃？小羊肉嫩，又不膻，最适合烧烤。所以"羔"就表示小羊羔。但是这并不代表着古人不喜欢吃肥壮的羊。上面一个"羊"，下面一个"大"，构成一个"美"字，所谓"羊大为美"[①]。所以，什么是"美"？"美"就是饱餐一顿鲜嫩羊肉那种美妙的感受，所谓"吃美了"。"羹"字也是会意字，上面是"羔"，下面是"美"，指美味的羊肉汤。"羹"在古代特指肉汤，今天则泛指各类汤汤水水。

在古代的肉食中，尤以羊肉为高档。比如宋代，达官贵人多喜欢吃羊肉。苏东坡被贬到黄州，这里不容易吃到羊肉，只有猪肉吃。但是猪肉不好吃，也不好做。苏东坡就发明了小火慢炖的东坡肉，使得猪肉也成为一道美味，算是弥补了没有羊肉吃的遗憾。

《水浒传》里的梁山豪杰，每每往酒店里一坐，就要切二斤熟牛肉。为啥梁山好汉总要吃牛肉呢？有一种广为流传的说法，说作者安排梁山好汉吃牛肉是为了表现其反叛的精神，因为古代杀耕牛是违法的。其实很没有道理，按照这个逻辑，《水浒传》里最反叛、最无法无天的恐怕不是吃牛肉的好汉，而是卖牛肉的店家和杀牛的屠夫！偌大的江湖，随便一个市井小店，都能端出一盘熟牛肉来，这是什么世道？

---

① 关于"美"字的造字原理，也有说是头戴装饰的人的形象。众说纷纭，此处姑且从许慎"羊大为美"之说。

事实上，古代小店里的牛肉，撇开胆大妄为杀牛割肉的（官府也未必真能管得着），要么取之于自然死亡的老牛，要么是挂牛头卖杂肉，不知道是什么冒充的。孙二娘的酒店不就卖人肉包子吗？所以《水浒传》英雄吃牛肉，绝不是出于什么反叛精神，而是浪迹江湖的境遇使然。且看这一段李逵在浔阳楼吃酒：

> 宋江见李逵把三碗鱼汤和骨头都嚼吃了，便叫酒保来分付道："我这大哥，想是肚饥。你可去大块肉切二斤来与他吃，少刻一发算钱还你。"酒保道："小人这里只卖羊肉，却没牛肉。要肥羊尽有。"李逵听了，便把鱼汁劈脸泼将去，淋那酒保一身。戴宗喝道："你又做甚么？"李逵应道："叵耐这厮无礼，欺负我只吃牛肉，不卖羊肉与我吃！"

宋江只是让酒保去切肉给李逵吃，又没有说要吃牛肉。酒保却默认这等黑厮自然不配吃羊肉，所以才说这里没有牛肉，这叫看人下菜碟。李逵大怒，"欺负我只吃牛肉"，真是看不起人啊，俺铁牛凭什么只配吃牛肉啊！可见羊肉、牛肉的贵贱之别了。

脍（膾）

"脍"（膾）是形声字，表示细切的肉。孟子曾说世人皆爱脍与炙。孔子也曾说："食不厌精，脍不厌细。"其中"精"是仔细拣选的意思。这句话是说，主食吃的米要仔细舂、仔细挑选，越精细洁净越好；下饭配的脍，切得越细越好。这两点可见孔子对饮食之道颇为在行。

"脍"有肉脍，还有鱼脍，鱼脍类似于今天日料的生鱼片，但是中国人的鱼脍主要用淡水鱼制成，而且讲究刀工，薄薄地切，摆盘出来，如水晶一般。所谓"金盘脍鲤鱼"，就是用鲤鱼切成的鱼脍，是当时的高级菜品。西晋有个名士叫张翰，他是吴地的人，跑到洛阳来做官。有一天秋风吹来，他忽然怀念起家乡的莼菜羹、鲈鱼脍来，就说："人生贵得适意尔，何能羁宦数千里以要名爵？"于是辞官回乡了。后人常以莼羹、鲈脍寄托归隐的情怀。

脍虽然美味，却有感染寄生虫的危险。三国时期的名士陈登，曾就任广陵太守，此地出产鱼鲜，陈登喜欢吃脍。久而久之，感染了寄生虫，胸中烦闷，脸色发红，吃不下饭。请了神医华佗医治，华佗把脉后说："您胃里有数升虫子，是吃了鱼腥之物导致的。"于是就给陈登吃药，陈登服药后吐出来三升寄生虫，都是赤色的头，还会动。华佗说："你这病还会发作，到时候还需要良医救治。"后来陈登果然复发，而华佗又不在身边，便因此丧命了。

脩

"脩"是一个形声字，指的是一种肉干，应该是腊肉一类的东西。古代食物不易保存，肉类制作成脩，则可长久存放。古代祭祀要用脩。脩也是常见的馈赠礼品。比如孔子说"自行束脩以上，吾未尝无悔焉"，意思是，主动带着一捆肉干上门求教的人，我没有不教的。春秋时期只有贵族子弟有受教育的机会，而孔子创办私学，无论什么身份地位，只要有问学之心，都欢迎前来学习。

菜

"菜"是形声兼会意的字，本质上菜也是一种草。许慎说"菜"是"草之可食者"。底下一个"采"，是一只手在植物上采摘的形象，它既表示读音，也表示"菜"可以采来吃。"菜"虽然有维生素、膳食纤维

和微量元素，但是只吃菜，人也是撑不住的。有个词叫作"面有菜色"，就是主食和肉食吃得少，只有菜吃，脸色暗淡蜡黄，一脸饥饿之色。周初的隐士伯夷、叔齐隐居首阳山，靠采集薇菜为生，不吃周朝的粟米，最后饿死，留下个"采薇"的典故，表达隐居之志。

韭

古代的蔬菜种类特别有限，今天很多家常的蔬菜，古代人都看作美味佳肴。

南北朝时期南齐的文惠太子问大臣周颙："蔬菜里哪一种最好吃？"周颙回答道："早春的韭菜，晚秋的白菜。"古代人吃个韭菜、白菜就觉得了不得了。汉代的皇家有专门的温室在冬天种植韭菜，就为了在寒冷萧索的季节吃上一口新鲜蔬菜。

不过，韭菜仍旧以春韭为好。杜甫《赠卫八处士》中写自己和老朋友见面，吃的是"夜雨剪春韭，新炊间黄粱"，就是大黄米饭配韭菜，虽然简单朴素，也足以下酒了。

如今立春时节有"咬春"的习俗。"咬春"少不了韭菜。春天里的头茬韭菜，又鲜又嫩，配合豆芽、鸡蛋、粉丝炒成合菜，往薄薄的小春饼里一卷，一口下去，鲜、脆、爽、香，恰逢万物复苏，东风怡人，这

就是春天的滋味。

"韭"字是象形字，底下一个"一"，象征地面，上面的"非"则是长势旺盛的韭菜。韭菜割了一茬又一茬，可以长久收获，持续割取，所以读作"久"。

菹

冬季没有新鲜蔬菜，古代人就吃"菹"（zū）。"菹"就是今天所谓的泡菜。古代泡菜种类很多，在《周礼》中就记载了七种泡菜：韭、菁、茆（máo）、葵、芹、箈（tái）、笋。

南北朝时期的《齐民要术》记载了二十多种菹，将菹分为咸菹和淡菹。咸菹类似于今天的咸菜、榨菜，淡菹则类似于酸菜、泡菜。杜甫诗《病后遇王倚饮赠歌》中写道"长安冬菹酸且绿"，在冬天吃上一口酸爽、清脆、清新的酸菜，不仅令人口舌舒爽，连精神也为之一振。

在《资治通鉴》中，有一段不起眼的史料。南朝齐武帝祭祀祖先，祭品特地安排了祖先生前爱吃的食物。我们正好看看这个时代的帝王家都吃些什么。首先是齐高皇帝萧道成的父亲、被追封为宣皇帝的萧承之，他的贡品是起麦饼和鸭肉羹。所谓"起麦"就是发面，起麦饼就是发面大饼。古人记载，这大饼一般是卷肉吃的。随后是萧承之的妻子孝皇后，祭品是竹笋、鸭蛋。接下来就是开国皇帝萧道成，祭品是肉胘和菹羹，这肉胘便是生肉切片，咱们讲过"羹"是肉汤，那么菹羹就是咸菜或者酸菜炖的肉汤。最后是萧道成的妻子昭皇后，祭品是茶、粽子和烤鱼，据说粽子在当时可以作为茶点。今天看来，这些都是家常食物罢了。

卤（鹵）

"卤"（鹵）是象形字，象征地表析出盐粒的样子。繁体"鹽"（盐）字中就有"鹵"。天然析出的称为"卤"，经人加工而得的称为"盐"。

盐是生活中必不可少的事物，所以古代制盐、贩盐是暴利行业。春秋时期的齐国，因为"鱼盐之利"而走向富强。汉代的吴王刘濞，在吴国"煮海为盐"，大大地致富，以此有了招兵买马搞谋反的资本。后来盐成为国家的专卖品，不允许私人买卖，成为中央财政一个稳定的收入来源。不过，巨大的利润仍然引来众多铤而走险者，也就有了私盐贩子这种人，他们往往是不怕死的枭雄之流。小说《隋唐演义》中的程咬金、历史上的元末起义者张士诚，都是贩私盐出身。

酱

古代最重要的调味品是酱。"酱"是形声字。左上"丬"表音，右上的"夕"为肉，下面的"酉"是坛子，表示把肉放在坛子里腌制成肉酱。孔子"不得其酱不食"，就是吃不同的食物要有不同的酱，否则是不动筷子的。

上古时期还没有今天的豆酱，主要是各类肉酱。《周礼》有"百酱"的说法，可见古代酱很多。比如兔、鸡、雁、蜗、鱼皆可制作成酱，天子的高级酱料还有蚁酱，用蚂蚁卵制成，称为"蚳（chí）醢（hǎi）"，想来相当惊悚。

酒

"酒"为形声兼象形的字，右边的"酉"表读音，同时也是酒坛子的象形。传说仪狄造酒，献给禹品尝。禹尝过之后，觉得这种饮品令人沉醉，甚至忘乎所以，认为酒是乱性乱政之物，于是就疏远了仪狄。相传杜康发明了高粱酿酒，因此被传为造酒始祖。曹操的诗"何以解忧，唯有杜康"，就是用"杜康"作为酒的代称。

商代最后的帝王纣王，酷爱饮酒，搞所谓的"酒池肉林"，常常彻夜饮酒享乐，最后因荒废政事而亡国。周朝建立后，很重视对贵族饮酒行为的约束。最有名的莫过于周公发布《酒诰》，告诫卫国君臣，不要忘记殷商嗜酒亡国的教训，不是祭祀的时候不要饮酒。这是中国最早的禁酒令。

古代的酒有清浊之分，清酒由浊酒过滤而成。当年齐桓公、管仲为了树立霸权，率领中原大军南征楚国。两军对垒，楚国问齐国为何千里迢迢来找楚国麻烦，管仲就想了一条理由，说楚国多年来"包茅不入，王祭不共，无以缩酒，寡人是征"。这里的包茅就是楚国特有的一种草，可用来滤酒。楚国多年不向周天子进贡包茅，周王室祭祀的酒都无法过滤了，所以齐国率领中原诸侯前来问罪。这其实是管仲抓小放大、避重就轻的策略。齐楚交战，毕竟没有完胜的把握，而且齐国真正的目的在于树立自己尊王攘夷的形象，以巩固自己的中原霸主地位，跟楚国真刀真枪打一仗确实没必要，所以在这种无关紧要又冠冕堂皇的问题上大做文章，虚张声势。楚国这边自然也愿意就坡下驴，双方谈判罢兵。

普通人滤酒就不必这么麻烦了。据说陶渊明好饮酒，直接用头巾来滤酒，滤完了酒直接往头上一

戴。今天觉得这种行为不卫生，古人看来却颇有不羁之趣。

醴

庄子说："小人之交甘若醴。"小人之间黏黏糊糊，甜蜜得很。"醴"是低酒精度的甜酒，其实就是今天所谓的醪糟。许慎记载醴是"一宿熟"的酒，就是只需要发酵一天。中国古代的酒与今天流行的白酒不同。古代的酒都是用粮食直接发酵，度数较低，口味甘甜，所以说"甘若醴"。像李白"会须一饮三百杯"的，都是这种低度酒。喝多了不怕

醉，却怕血糖飙升。

白酒起源于元代前后，称为烧酒，在发酵后还要蒸馏，提高酒精的纯度。这种酒度数高，口味辛辣。倘若唐时就有白酒，不知道李白"一斗"（约四斤）之后还能"诗百篇"否？

鬯

中国古人除了喝米酒、黄酒、白酒，也喝调味酒，花样多得很，比如鬯（chàng）。鬯是古代的一种香草酒。"鬯"是会意字，上半部分是一个容器，中间是米的形象，表示米制的酒。下边"匕"是匙的象形，表示盛酒的勺子。曹操与刘备煮酒论英雄，把当时的豪杰挨个嘲讽之

后，曹操说："当今天下的英雄，只有你和我两人。"吓得正在吃饭的刘备"失匕箸"，就是吓得把勺子和筷子都弃掉了。

鬯是一种添加了香草的酒，气味芬芳悠远，也称为

郁鬯。古代人宴会饮鬯，也用鬯祭祀，传说神明会因此而降临。

茶

　　上古时没有"茶"字，只有"荼"，"荼"是一种苦味野菜的名字，形声字。荼太苦了，所以才有一个词叫作"荼毒"，是毒害的意思。但其实荼没有毒，反而能解毒。古书记载，神农尝百草，每天中毒七十二次，全靠食用荼来解毒。茶是一种苦味树叶，所以最初人们没有专门造个"茶"字，一概用"荼"来笼统地表示。直到唐代，饮茶流行，人们才将"荼"减去一横，造出"茶"字，专指饮用的茶。

　　唐代之前饮茶，类似煮菜汤，把茶、葱、姜、枣、橘皮、茱萸等作料一同下锅。直到唐代的茶圣陆羽开创了一套全新的煎茶之法，才流行起精致的饮茶来。所谓煎茶，就是将茶先烘烤，再精细研磨，投入考究的器具中烹煮，还要加一点点盐。这里边器、水、火皆有一定之规。后来宋代流行点茶，把茶饼打碎，放在茶碾中研磨，筛过后将茶粉置于杯中，冲入沸水，用茶筅（xiǎn）不断搅拌击打，之后饮用。宋代还流行斗茶，有一种斗法被称为"茶百戏"，即在点茶的过程中，在茶汤中绘制山水花鸟的图案，类似于今天的咖啡拉花，但其难度更高、花样更繁。到了明代，流行散茶，即我们今天的饮茶方式，直接往杯中投入茶叶，冲泡即饮。茶叶得以冲饮，化繁为简，与制茶技术的进步有密切的关系。

营造篇

有人说，城市是人类最伟大的发明。不错，城市的确是文明的重要标志。"城，以盛民也。"我们的国，我们的家，我们的生活，无不与城有关。中国古代的大城市，诸如长安、洛阳、金陵，甚至成为数代文学歌咏的对象。这一篇我们来了解中国古代的城。

城

"城"是形声字。"城"最初指城墙，比如长城，后来指城市。古代的城墙以夯土筑成，所以"城"以"土"作偏旁。明清的城墙，在夯土城墙外面包砖，便看不到夯土了。许慎认为，"城"与"盛"（chéng）谐音，是因为城是用来"盛放"百姓的。

上古时期的城，首先注重军事、政治功能。一座城，往往就是一个政治中心、军事据点。在周代，不同级别的城，规格截然不同，不可僭越。《周礼》中记载，天子的都城"方九里，旁三门。国中九经九纬，经涂九轨，左祖右社，面朝后市"。这都城九里见方，每边三门。都城中有九条南北大道、九条东西大道，每条道可容九辆车并行。王宫左边是宗庙，右边是社稷坛；前面是朝堂，后边是市场。《左传》里记载：大型城市规格不超过国都的三分之一，中型城市不超过国都的五分之一，小型城市不超过国都的九分之一。

孔子做鲁国大司寇的时候，鲁国的三个权臣季孙氏、叔孙氏、孟孙氏的私人城邑规格都超过了"百雉"（长三丈、高一丈为一雉）。这就违

反了周礼，所以孔子决定毁掉费邑、郈邑、郕邑这三座城。这事就叫作"堕三都"，虽然最终失败了，但是表现了孔子维护礼制的决心。秦始皇统一六国之后，为了杜绝六国势力死灰复燃，下令毁掉六国昔日的名

城大都，彻底拔掉六国复兴的根据地，防止六国后人占据大城来对抗秦军。

邑

"邑"也是城池的意思。"邑"上为"口"，象征四四方方的城；下为"卪"，"卪"表示有节度、有规则。"邑"以"卪"为部首，表示邑是有规格的。从国都往下，不同等级的城池大小规格不一，皆有礼制的规定。所以，"卪"表示修造城池时规格行制要依照王命和礼制，讲求尊卑高下。

"邑"作偏旁简化为右耳刀，右耳刀为偏旁的字多数与城市有关。比如，古代的国家多为城市国家，一国也称为一"邦"；有先王宗庙的城池叫作"都"；城中五户人家为一"邻"；外城叫作"郭"。还有好多知名的城市，其名称也以右耳刀为偏旁，比如郑、邯郸、鄂等。西南地区有个小国叫作"那"，后来"那"字假借成为代词。

墙（牆）

城有城墙，宫有宫墙，家有院墙。层层圈圈的墙是中国民居、宫殿、城市的重要特征。以北京而言，最中心是紫禁城的墙，往外是皇城的墙，再往外是内城的墙、外城的墙，其间还分布着大大小小的四合院、大杂院的墙。

"牆"字以"嗇"为偏旁，"嗇"上边是"来"，我们讲过"来"是麦子的意思；下边的"回"是谷仓的形象。秋天收获了麦子，堆聚在一起，外围就要修墙来保护。

　　古代修墙用版筑法，基本的方法是用木板作模，往两板之间灌注泥土，再用杵将泥土夯实，土干后即成墙体。这个夯土的过程就叫作"基"，"基"字甲骨文的形象就是一支杵插在夯夹板的土中，这是造墙的开始，所以"基"有基础、起始的意思。

　　有的墙还设计有夹层，有加固、保温的作用，有时候还可以藏物。当年秦始皇焚书，把天下的经典都收缴上来烧毁，孔子后人就把经典藏在墙壁的夹层里。等到汉武帝时期，鲁恭王刘余拆毁孔子旧宅来扩建其宫室，意外地打开了这堵藏经之墙，使得这批珍贵的经典重见天日。因为这批经典都是用战国的蝌蚪文写成的，就被汉人称为古文经，与当时流行的隶书版本——今文经相区别。古文经中有今文经未见到的篇目，还有很多相同的篇目但是字句有所不同。古文经的发现，打开了人们研究经典的新方向，导致了古文经派的产生，对中国儒学的发展产生了巨大的影响。

墙、基（甲骨文）

高、京

　　古人好造高台。先用夯土筑造高高的台基，然后在台基上修造宫殿楼阁。如此一来，既显得壮丽，又自备防卫功能，同时抬高了地基，房屋不容易潮湿。

　　"高"字就是高台的形象。下半部分为方正高大的台基，上半部分是楼阁的形象。"高"下面一个"口"，有人认为是高台的门洞入口。

　　"京"也是高台的象形，与"高"字形相近。"京"最初的意思也是高台，古代王者的宫殿必定修筑于高台之上，不仅干燥、清爽、视野好，而且具有威严气象，自带防卫属性。久而久之，天子居住的地方就称为京，后来特指首都所在。

三国时期的公孙瓒，本来也是英雄豪杰一般的人物，不知为何后来却英雄气短。他与袁绍作战不利，跑回自己的老巢易京，修了数重壕沟，然后"于堑里筑京，皆高五六丈，为楼其上；中堑为京，特高十丈，自居焉，积谷三百万斛"。这里的"京"就是高台。公孙瓒的策略就是修筑一堆高台，在高台上筑高楼，囤积了大量的粮食，然后自己躲进最高的高台里，以铁为门，斥去左右，七岁以上的男子不得进入，只与妻妾住在里面。公孙瓒又训练妇女隔空喊话，来传达命令。这导致他身边没有一个亲信，谋臣猛将都渐渐疏远了，真可谓"躲进小楼成一统"。最后的结局呢，自己在高台上被袁绍围得死死的，不得突围，自杀了事。

高（小篆）、高（甲骨文）

京

克

中国古代的宫殿建筑，以其舒展的大屋顶为显著特征。要撑起大屋顶，就需要在室内使用柱子。"克"这个字，上面同"高"和"京"，是建筑大屋顶的象形，下面的一笔，则是梁柱的形象。所以"克"的本义指柱子支撑起巨大的屋顶，渐渐引申出克服、战胜的含义，又引申出能够的意思。

《左传》里有一篇有名的故事，叫作《郑伯克段于鄢》。郑国的国君郑庄公，当初难产而生，这导致他母亲武姜不喜欢他，而喜欢小儿子段。郑庄公即位后，段在母亲的支持下胡作非为。郑庄公表面上宽容他，实际上是欲擒故纵，坐等段犯了大罪再名正言顺除掉他。后来段果然聚集了军队准备谋反，这正合郑庄公的心意，便发兵攻打。战争打响，段的手下立即叛变，段只好跑到鄢。庄公穷追不舍，在鄢又打了一

仗，段只好逃出郑国，流亡到共国。孔子在记载这段故事的时候，特意用了一个"克"字。这个字本来是用于形容两国交战的，孔子单单用了这个字，是想讽刺郑庄公和段这两个人一点兄弟情义都不讲，跟敌国一样。这就叫微言大义。

柱子支撑起屋顶

宫

帝王所居住的建筑称为"宫"。"宫"上面的"宀"，是房屋的象形，

有屋顶，有墙壁。下面的"口"，象征房间。有两个"口"，表示"宫"中有好多房间。

帝王的宫殿，无不崇尚高大壮观。秦汉时期，最有名的宫殿就是秦始皇的阿房宫，唐代杜牧的《阿房宫赋》极力渲染其奢华。所谓"蜀山兀，阿房出"，为了建造阿房宫，把蜀山的树木都砍光了。《史记》说阿房宫"东西五百步，南北五十丈，上可以坐万人，下可以建五丈旗"。可惜被项羽一把火烧干净了。

汉朝初年，萧何主持修建未央宫，十分壮丽。刘邦看到后先是非常愤怒，质问道："如今天下刚刚平定，咱们成败尚未可知，为何要如此破费！"萧何不急不忙，说了两点：第一，天子以四海为家，"非壮丽无以重威"，也就是说宫殿不霸气不足以彰显威风；第二，现在修宫殿来一个一步到位，一次性花钱，后代也就不必再建新的宫殿了，反倒是省钱。刘邦听了很是高兴，也就坦然住进去了。当然，彰显威风是一定的，让后代不再新修宫殿，那无疑是痴人说梦、自我欺骗。

宅

以"宀"为部首的字，多与住宅有关。"宅"是形声兼会意字。"乇"是"托"的一半，"宅"字表明此处是人们托身之所。古人所说的宅，有时候并非指房屋，而是指整个院落。比如孟子曾说"五亩之宅，树之以桑，五十者可以衣帛矣"，他设想的小康之家，有五亩大的宅院，院子里种上桑树，这样就可以养蚕纺织，五十岁的人就能穿上丝帛的衣服了。

陶渊明是有名的隐士，他的住所是"方宅十余亩，草屋八九间"，在士大夫阶层里算是清贫的，但毕竟面积比孟子笔下的"五亩之宅"要大一倍。今天地少人稠，十亩地的宅院，一般人也是可望而不可即的。

话说陶渊明这两句诗，妙就妙在"十余亩""八九间"。到底是十几亩呢？是八间还是九间呢？说得不清不楚。而这个不清不楚，恰好把这位隐士洒脱豁达、满不在乎的心态表现了出来。要是真的拿着尺子去量，拨着手指头去数，哪有一点隐士的风范呢？

家

"家"下面是"豕"，"豕"就是猪。现在好多人都熟悉"豚"，知道豚骨拉面。这个"豚"就是小猪，《说文解字》称之为"小豕"。

所以，如此温馨美好的"家"，本义却是猪圈。恐怕更令人大跌眼镜的是，古代猪圈和厕所往往修建在一处。比如表示厕所的"圂"（hùn）字，就是猪圈的形象。汉代的院落，厕所就建在猪圈上面，人若如厕，须登而方便之，最终人的粪便和猪的粪落在一起，沤成绝好的农家肥。所以，猪的生活环境是比较糟糕的。

不管怎么样，有家的地方就有猪圈，有猪圈的地方就有家。所以"家"慢慢地引申出家宅、家庭的含义，不再指猪圈了。汉武帝时期，

大将霍去病痛击匈奴，汉武帝奖励他一所富丽堂皇的住宅。霍去病不仅没有感激谢恩，反而坚决拒绝，并说出一番豪言壮语："匈奴未灭，何以家为！"意思是大丈夫不灭匈奴，安什么家呢？

在古代，"家"还指士大夫的封地。《大学》里讲

的"齐家、治国、平天下"，这里的"齐家"，最初的意思就是士大夫要治理好自己的封地。而"治国"，是说要治理好诸侯国。最后才是平定天下。

安

"安"字底下是"女"，"女"字是女子双手叠放静坐的形象。"安"字用女子在家中安坐的场景表示安静、娴静的状态。人要安身，更要安心。后来"安"被假借去当副词讲，可以表示怎么、哪里之类的意思，比如"安能摧眉折腰事权贵，使我不得开心颜"。

关于"安"作副词使，有个烧脑又好玩的故事，叫作"濠梁观鱼"①。

有一次，庄子与他的朋友、也是有名的辩论家惠子在濠梁这个地方看鱼。看着鱼儿游来游去，庄子不禁感慨道："这些鱼儿游得从容，真是快乐啊！"惠子说："你不是鱼，你安知鱼之乐？"这里的"安"就是"怎么"的意思。其实庄子有感而发，一点毛病也没有，惠子偏偏来抬杠。庄子脑筋转得也是非常快的，立刻顺着惠子的逻辑回抬一杠，他说："既然如此，你不是我，你安知我不知道鱼之乐？"不料这一问，正中惠子下怀，惠子说："是啊，我不是你，当然不知道你；你不是鱼，自然也不知道鱼。这回滴水不漏了。"此刻庄子似乎被逼入死胡同了，但没想到他灵机一动，说："你等一下，咱们往前倒。你问我'安知鱼

---

① 《庄子·秋水》：庄子与惠子游于濠梁之上。庄子曰："鯈鱼出游从容，是鱼之乐也。"惠子曰："子非鱼，安知鱼之乐？"庄子曰："子非我，安知我不知鱼之乐？"惠子曰："我非子，固不知子矣；子固非鱼也，子之不知鱼之乐。全矣。"庄子曰："请循其本。子曰'汝安知鱼乐'云者，既已知吾知之而问我。我知之濠上也。"

之乐'，那我告诉你，我是在濠梁上知道的。"

这里庄子就耍了一个小聪明。本来大家一直在说的"安知"，是"怎么知道"的意思。既然这个问题你惠子把我绕进去了，好吧，我换个思维。"安"还有"哪里"的意思，你问我在哪里知道的，就在濠梁知道的。

门、户

"门"是象形字，是两扇门的形象，而"户"则是半扇门的形象。"门""户"后来都指门。

门是家庭财富、地位的象征。古代的世家大族往往住深宅大院，那门自然是富丽堂皇的"朱门"。《红楼梦》里的贾府，是"三间兽头大门，门前列坐着十来个华冠丽服之人"，而且这门一般是不开的，非得是重要的人物、重要的庆典方才打开，譬如元妃省亲，是走正门的。林黛玉进贾府，是过了大门，从西角门进去。这贾府的门，不但规制宏伟，而且规矩繁多。世家的社会地位由此可见一斑。而山村贫家，不过是用木板简单钉成，称为"柴门""柴扉"。所以世家为"豪门"，穷人家为"寒门"。

两家地位、势力相当则称为"门当户对"。今天来北京的胡同旅游，很多导游常常为博人眼球，把门口的抱鼓石称为门当，把宅门上的门簪称为户对，则是穿凿附会而已。

"门"内加一"圭"称为"闺"。我们今天用"闺"字往往与女子有关，比如闺阁、闺房，特指女子的房间。"闺"本指一种拱顶的小门，其形制好像古代的玉器"圭"，所以称为闺门。这种小门处于深宫大宅之中，常用于女子居住之所，所以"闺"渐渐为女子所专用。古代诗词中有一类题材为"闺怨"，专门写女子的相思之情。

门、户、闺

闺门

窗

"囱"是"窗"的本字。《说文解字》说："在墙曰牖（yǒu），在屋曰囱。"也就是说，开在墙壁上的窗户叫作"牖"，开在屋顶的窗户叫作"囱"。窗户怎么还开到屋顶去了呢？上古时期人类穴居，住在山洞、窑洞乃至半地下，房屋是没有外墙的，因而要开窗户只能在头顶开，开一个小孔洞，用木材制作窗棂加以遮掩，这就叫作"囱"，中间的笔画表示窗棂。这个小窗户，既透光通风，也用来排灶烟。所以后来也把灶台排烟的通道称为"烟囱"。

后来人类建造房屋的水平提高了，走出了山洞，住上了有墙壁、有屋顶的房子，在墙壁上开窗户，才有了"牖"。这个"牖"以"片"（小篆是半个"木"字）为偏旁，表示"牖"用加工的木条制成，有横竖的窗棂。右上一个"户"，表明"牖"是门户之类的东西。右下角的"甫"本是男子的美称，此处指"牖"明亮美好。古代也有人认为，"甫"字小篆的上方是个"日"字，表明"牖"是照见日光的地方。

古代，南窗为"牖"，北窗为"向"。在御寒技术简陋的年代，北向窗户一般开得比较小，能透气就好，免得冬日的北风灌进来。"向"中间小小的"口"正是窗口的象形。

古代还有一个表示窗户的字，就是"囧"。网络语言中常用"囧"表示尴尬、无语，其实"囧"字的本义是窗户明亮。"囧"的形象是窗棂交错的窗户。沈阳故宫有一个网红排水口，也是"囧"字图案。因为"囧"字看上去像一副尴尬的表情，所以被今天的网友"假借"了。"明"字小篆的左边便是"囧"，表示月光从窗户里照进来，那真是"床前明月光"，一派明亮似霜啊！《诗经》中有"塞向墐户"之说，意思是冬日天寒，要堵上北向的小窗户，用泥涂抹门户的缝隙，防止透风。

囱、牖、向、囧

仓（倉）

存放粮食的建筑叫作"仓"（倉）。小篆"仓"，上面是一个"亼"，代表仓顶。中间是"户"，代表仓门。下面是"口"，有人说代表仓的入口，也有人说这是粮仓的俯视图。

与"仓"意思相近的是"廪"，《说文解字》中写作"稟"。"亩"是粮仓的形象，"禾"表示粮食，可知"稟"是谷仓的意思。后加"广"字头，表示大屋子，在传写过程中又把"禾"写作形近的"示"，这才有了"廪"字。《管子》说："仓廪实而知礼节，衣食足而知荣辱。"强调必先让人们吃饱饭，才能讲求礼仪道德。所以管仲大力发展齐国的经济，使齐国迅速强大起来。

仓、稟

古代陶仓

广

诸位小心，这不是广东的"广"，这字念"yǎn"，是房屋的意思。前面讲过，"厂"（hǎn）是山崖的意思（见"地理篇""石"字），"广"则是指在山崖岩洞处因山造屋。很多与房屋、建筑有关的字都以"广"为部首，比如存放文书、武器的地方叫作"府库"，厨房叫作"庖厨"，院子叫作"庭院"，学校叫作"庠序"，祭祀祖先的场所

叫作"庙",等等。

《红楼梦》里有"芦雪庵争联即景诗"一回,有的版本把"芦雪庵"写作"芦雪广",也是没有问题的。不过,即使在古代,"广"(yǎn)也是不常用的字。

今天所使用的"广"(guǎng),是由"廣"简化而来的,"廣"是大殿,引申为广大、开阔的意思。

府、库

在文言文中,"府库"往往连用。但具体来说,二者各有不同。"府"

府

是形声字,"广"是房屋的形象。"府"是存放文书、财物的地方。秦末刘邦攻入咸阳,将领、士兵冲进城中抢夺财物,萧何则首先到府中抢来了秦朝留下的文书、地图,为刘邦日后定天下夺得了宝贵的信息资源。"库"则是会意字,里面是个"车",就是存放武器、战车的地方。诗人杜甫曾做过一个小官,叫作"兵曹参军",就是看管武器库的。

路、街

今天我们常说"逛街",不说"逛路";说"赶路",不说"赶街"。道理何在?

"路"是个会意字,一边是"足",一边是"各",《尔雅》里说:"一达谓之道路。"正所谓各走各路,"路"是单向的道路。而"街"是形声字,外面是"行",表义。"行"的甲骨文、金文就是一个十字路口的形象，所以"街"本来指的是十字路口。十字路口往往是商铺、市场的所在地，所以值得一逛；而"路"只是交通干线，没有什么好逛的，所以要抓紧"赶路"。

在今天，"街"和"路"已经不完全按照古义来命名了，比如同样是商业街，北京有"王府井大街"，上海则有"南京路"。但是，我们即使是逛南京路，也称之为"逛街"，不说"逛路"，因为"街"那种热闹、"路"那种笔直通达，这样一个基本的印象我们还是有的。

街（小篆）、街（甲骨文）

学（學）

"学"（學）的本义是学校。古代培养贵族子弟的学校称为国子学，也就是后来的国子监。先秦时期的国子学，唯有贵族子弟可以来上学。后代的国子监，除了一定品级官员的子弟可以来上学，平民百姓中的学习优异者也可以来上学，上学者都称为监生。有的时候朝廷财政紧张，普通人也可以通过交钱买个名额来读书，这就叫捐监。

"学"是一个会意字，由四个部件组成。上面，两只手代表教师的双手，"爻"是算筹一类的小木棒，代表教师教授的内容。中间的"冖"代表学校的房屋，下面的"子"是学生。所以"学"就是教师教授学生知识的地方。古代只有贵族子弟才能入学学习。直到孔子出来创办私学，兴起了私学之风，平民子弟才有机会入学接受教育。

后来"学"成了一个动词，表示一种行为。《说文

解字》说，学就是通过学习来实现"觉悟"。

　　朱熹说，学的意思是效法。学与思不同，学特指效法师长、汲取外在的知识，思则特指反思琢磨。所以孔子说："学而不思则罔，思而不学则殆。"一个人，只是汲取知识，没有反思和判断，就会迷惑；反过来，只是瞎琢磨，没有扎实的知识基础，想出来的东西都是不牢靠的。所以真正的学习要学思结合。

家国篇

中华民族是家国观念很重的民族，并且有独特的政治哲学，而很多治国理政的思想就藏在文字的构造之中。在了解了诸多与生活息息相关的文字之后，最后这一篇我们提升格局，来谈谈安邦治国的相关内容。

国（國）

"国"的繁体字是"國"，"國"本写作"或"。金文的"或"，左边中间一个"口"，代表着城市，四围四条线，代表城墙；右边是一个"戈"字，代表武器。所以，"或"的意思就是需要手持武器誓死保卫的城池——这就是我们的国。商周时期的国，是林立于大地上的一座座城邦。古代分封的诸侯国，即为一个个城邦国家。城邦内称为"国"，城邦外称为"野"。城里的居民就叫"国人"，城外的民众就叫"野人"。

"中国"一词，最早出现于西周早期青铜器何尊的铭文中[①]。"宅兹中国"，就是在中原地区建造城池。"中国"一词，最初指中原地区，后来扩大为整个华夏文明区。其中的"中"，是一杆飘扬的旗帜；其中的国，正是写作"或"。"或"字后假借为虚词，于是人们在"或"字外再加"口"，强化城的形象，于是就有了"國"字。

---

① 何尊铭文记述了西周国君周成王在新营建的东都成周（今洛阳）对其下属的训诰，其中提到周武王在世时决定迁都洛邑，即"宅兹中国"。在这里，所谓"中国"就是成周，即今河南洛阳一带。在后代，"中国"的范围不断扩大，由成周而中原，由中原而整个华夏文明区。"中国"则从纯粹的地理概念进而兼具文化内涵。

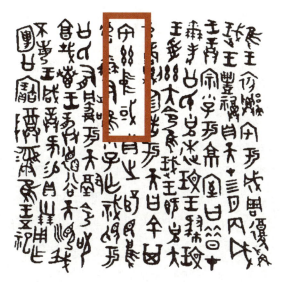

何尊铭文：宅兹中国

今天我们把"國"简化为"国"，又有何依据呢？

其实"国"的写法古已有之。古人出于书写便捷的目的，将"國"内的"或"替换为"玉"。为何如此替换？因为古代或、玉同音。比如，"域"字便以"或"为声旁。将"國"简化为"国"，其实质是将一个会意字改造为一个形声字。而且，玉文化作为中国文化的一个代表，中间这个"玉"字未必不能表意。倘若说"國"字中蕴含着保家卫国的慷慨热血，那么"国"字中则寄托着温润如玉的君子人格。可以说各有千秋。

其实，"国"字还有写作"囯"的，太平天国的铜钱上就写着"太平天囯"。"囯"是一个显而易见的会意字——城池里端坐着至高无上的王，如今早已弃之不用了。

囯（金文）、国（小篆）

169

君

孔子认为，治国的核心在于"君君臣臣"，即君行君道、臣行臣道。"君"是一国的首脑，字上面是"尹"。"尹"是一只手拿个权杖的形象，有管理的意思。战国时期楚国的国相称为令尹。到了宋代，包拯包青天做过开封府尹，被评书、戏文拿来反复演绎。下面是个"口"，表明国君用嘴巴发号施令。所以"君"就是发号施令、管理天下的人。他是只动"口"的，不动"手"，表明"君"不应干预具体事务。

中国人的理想人格是君子。其实君子最初指的是贵族，小人指的是平民，并没有道德高低的含义。后来儒家赋予君子新的含义，特指道德高尚、有修养的人。后来"君"成为对人的敬称、美称。我们可以直接称呼对方为"君"，相当于"您"。

后

古代传说中的帝王，比如后稷、后羿等，名字里都有个"后"字，这个"后"是帝王的意思。"后"字的甲骨文是妇女生产的形象，所以"后"特指后代即位之君。小篆"后"以"口"为部首，取国君发号施令的意思。后来"后"指帝王的配偶。

把"后"水平翻转过来，就是"司"字，其实是一字两面，意思相近。"司"是管理的意思。比如文言文中说的"有司"，就是相关负责人的意思。司马、司空、司徒，号称"三公"，各有其所管。比如，司马掌管军事；司空，这里的"空"与"工"通假，掌管水利、工程；司徒掌管民事。孔子做过司寇，就是掌管司法刑狱之事。当然，这些都是人间的官员，与主管生死的"司命"之神还是差得远了。

安阳出土的"司母戊鼎"后更名为"后母戊鼎"，是因为商代的字有时正写，有时反写，今人来看容易混淆。"母戊"是商王武丁之妻，因而称之为"后"更为恰当。

要注意，"后"和"後"在繁体中是两个字，"後"才是后面的意思。后来简化字将二者合并为一个字。如果要使用繁体，就要小心区分。如果写成皇後、後羿，就不对了。

后（甲骨文）、后（小篆）

司

臣

"臣"代表臣下，至于其造字的原理，则颇有争议。许慎认为，"臣"字象征人屈服的形象，然而为何是屈服的形象却不明所以。郭沫若的说法流传最广，他认为"臣"是一只竖起来的眼睛。人的眼睛怎么能竖起来呢？假想一下，一个人俯首的时候，我们从侧面看他，眼睛就竖起来了。当臣子的，自然是常常俯首，所以就用这只竖着的眼睛代表臣子。

"臣"虽然有俯首顺从的意思，但是中国古代的为臣之道，也不完全是唯命是从、唯唯诺诺，所谓"有所为有所不为"。比如孔子就说过，能够做到依据道义侍奉国君的臣可以称之为"大臣"，而那些只贡献才能、守不住道义的臣，只能称之为"具臣"。

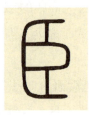

话虽如此，实际上臣的地位却在一直走低。秦汉时期的大臣，品级高者如三公，可与君王坐而论道。到了宋代，君王坐着，臣子站着。到了清代，即使贵如军机大臣，也只能"跪受笔录"，甚至还要自称"奴才"。

封

先秦时期实行分封制。天子分封诸侯，诸侯分封大夫。小篆的"封"，左上是"之"，左下为"土"，"之"是去、到的意思，合起来就是封到一块土地去。右边一个"寸"，代表法度。"寸"在小篆中，往往代表法度，比如等级的"等"、尊贵的"尊"。"寸"表明分封是有法度的，不能乱来。根据礼制，周朝的公、侯、伯、子、男五等爵位，公侯一级分封百里，伯分封七十里，子和男分封五十里。当然，实际情况如何又另当别论了。

据说，周成王有一天和弟弟叔虞做游戏，成王把一片桐树叶削成圭状送给弟弟，说："用这个分封你。"史官在旁边听见了，赶紧上来请求择定分封的吉日。周成王说："我和他开玩笑呢！"要知道周成王那时候也是个小孩。史官却说："天子无戏言。只要说了，史官就应如实记载下来，按礼节完成它，并奏乐章歌咏它。"于是周成王把唐地封给叔虞。这个故事就叫"剪桐封弟"，是古代君无戏言的经典案例。

史、吏

"史"本义是记事的官员。看小篆，是一只手，手里拿着一个"中"。许慎认为，这表明史官记事要持中客观。但手中拿着"中"太抽象了，实际上这个"中"当是"册"的简化。"史"就是拿着简册记事的人。至于持中、公正的职业观念，应当是后来附加上去的。

史官在上古时期是非常重要的官职，他们常伴君王左右，君王的一言一行都要记录在册。而且在一个书籍稀有的年代，由于他们掌握了前代典籍，便成为君王的重要参谋。司马迁继承父业，任太史令，因此得以广泛地阅读皇家秘藏的文献，完成皇皇巨著《史记》。

史官是有职业操守的，其中最重要的一点就是要秉笔直书。春秋时期的齐国，权臣崔杼杀害了国君齐庄公。尽管齐庄公有无道之罪，但崔杼确有弑君之名，因而太史记载"崔杼弑其君"。崔杼一怒之下将太史处死。结果太史的弟弟继任，继续在史书上记载"崔杼弑其君"。崔杼又将其杀害。太史的另一位弟弟继任后依旧秉笔直书，崔杼这才无奈罢手。据说，他国的史官听说崔杼杀害了太史，便抱起竹简前来，准备直书崔杼之罪。

无独有偶，晋国的赵盾与国君晋灵公发生冲突，就准备流亡，跑至国外。随后，赵盾之弟赵穿弑君。赵盾返回晋国继续执政，却没有处罚赵穿。晋国的太史董狐就记载"赵盾弑其君"。赵盾说弑君的是赵穿，不该算到自己头上。董狐说："子为正卿，亡不越境，反不讨贼，非子而谁？"意思是他作为执政大臣，逃亡未过国境，原有的君臣之义就没有断绝；回到朝中，不讨伐弑君者，依法度视为与弑君者

史、吏

同罪。孔子知道这件事后，认为董狐敢于坚持原则，评价他是"古之良史"。

"吏"是"史"上添一横，指办事的官吏。这一横据说代表着一心一意，代表着官吏做事要忠于职守。

父

在孔子的治国方略中，首先是"君君臣臣"，其次便是"父父子子"。"君君臣臣"强调君王的地位，"父父子子"强调父亲的权威。古代治国方略，不全依靠国家的政治力量，还要借助家族的教化力量。很多时候，君权和父权是类似的，所以国君也叫作"君父"。

在古代家庭，父亲具有绝对的权威。"父"字的小篆就是一只手拿着一根棍子，正是训教子弟的形象。《红楼梦》中贾政因宝玉不成材，便下令"堵起嘴来，着实打死"，底下人打得不解气，便自己动手打，这是父权的一种体现。

"父"在古代还是老年男子的称谓，如渔父、田父之类。屈原投江之前，就遇到一位"渔父"。这位老渔翁看到屈原面容枯槁、脸色憔悴，就问他为何如此？屈原说："举世皆浊我独清，众人皆醉我独醒。"渔父

便指点他，既然世人皆浊，你何不跟着一起搅几下浑水？既然世人都醉了，你何妨吃几口酒糟，何必如此执着？屈原说："高洁的人不能蒙受世俗的污浊。"于是就投江自沉了。史书中闪现的"渔父"，往往都是隐士之类的人物。

教、政

所谓"教"，左上为"爻"，是学算术用的算筹，在这里代表知识；左下为"子"，代表小孩；右边是一个"攴"（pū），是手里拿着教鞭的形象。所以，"教"的本义就是老师拿着教鞭，教小孩子学习知识。周代的教育主要是面向贵族阶层的，主要内容便是六艺——"礼乐射御书数"，分别指礼仪、音乐、射箭、驾车、读写、算术。这里的"数"除了算术，还包括一些天文、历法、数术之类的知识。

教推而广之，就是政。"政"，也是"攴"字旁。孔子说："政者，正也。""政"就是用教化的方式令百姓端端正正按照礼仪法度行事。执政者教化老百姓，和老师教化学生是类似的事。正如费孝通先生曾经说，中国古代的政治，不完全是政治性的，它还具有教化性的特点。孔子的创新之处在于，他对执政者说："子帅以正，孰敢不正？"要让老百姓守规矩，您自己要先守规矩做表率。他的道德要求是向上位者提的，不是向老百姓提的。

教、政

王

"王"的本义是一把斧头，象征王杀伐的权威。但是随着思想的发展，人们对"王"进行了新的解释。汉代思想家董仲舒认为，"王"字一竖连三横，象征着王者能够贯通天、地、人，与天地合德，与苍生同心。

古代治国的路线，有王道和霸道之分。王道就是用仁义礼仪来治国，对百姓施加恩惠；霸道则是对内施行法治，对外通过武力手段来增强国家实力。

孟子到梁国游说，梁王问孟子能给梁国带来什么利益，孟子说："谈什么利益？我只带来了仁义。"孟子接着论述，人人都讲利益，就会上下大乱，最后没有利益；人人都讲仁义，利益自然就来了。这就是典型的王道思路。

周代的天子称为"王"，但是秦始皇统一天下之后，认为区区的"王"已经配不上自己了，他觉得自己"德兼三皇，功过五帝"，是与三皇五帝比肩的人物，所以称自己为"皇帝"。这个"皇"，乃是"自"加"王"，表示是自此而始的帝王。譬如"三皇"——燧人、伏羲、神农（说法太多，仅举一种），都是早期的开创之王。秦始皇就自称始皇帝，规定后面就叫作二世、三世乃至千世、万世，简单省事，而且不需要谥号，以免臣下给差评。只是没想到秦朝延续了两世就灭亡了。

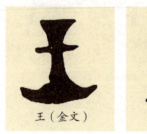

王（金文）

皇

后来楷书变"自"为"白"，明代的和尚姚广孝曾经对朱棣说："大王使臣得侍，奉一白帽与大王戴。"给大"王"戴一顶白帽子，那就是要助他造反当"皇"帝。

霸

"霸"字的本义其实是月亮在月初时的光辉，被假借表示霸道、争霸的意思，发展霸道，那就是对内搞严刑峻法，对外搞武力征伐，总而言之是以力治国的路线。

孟子去齐国，齐宣王就问他："先生知道齐桓公、晋文公的故事吗？"齐桓公和晋文公就是靠武力征伐成为霸主的，齐宣王这么问就是想搞霸道。结果孟子说："我们孔子的门徒没有听说过齐桓公、晋文公的事。我们还是谈谈推行王道吧。"

春秋战国时期的君王，多数是推崇霸道的。商鞅去见秦孝公，想要谋求秦孝公的赏识。第一次交谈，商鞅大谈所谓帝道，就是尧舜禹时期虚无缥缈的那一套，结果谈得秦孝公昏昏欲睡；第二次再谈，商鞅讲起王道来，秦孝公还是不理不睬没反应；第三次谈话，商鞅抖擞精神，大谈霸道，专讲富国强兵，这次秦孝公听得甚是入迷，不知不觉地往商鞅身边凑过去，一连谈了数日，于是准备任用商鞅搞变法。

汉代以后的王朝，因为独尊儒术的缘故，表面上往往是力行王道的，但是实际上暗地里搞霸道。汉宣帝的太子，也就是后来的汉元帝，曾经对汉宣帝说："您治国太严苛，应该多用儒生，实行仁道。"汉宣帝立马变了脸色，训斥太子说："咱们汉家自有制度，向来是霸王道杂用之，为何单单要用儒生呢？"

仁

儒家治国强调仁爱。"仁"是会意字，左边是"人"，右边是"二"。这个"二"代表着一个人不仅关注自己，还要关注他人。放下自己的私心私利，与别人联结为一体，这就叫作"仁"。仁政就是强调君民一体，施行爱民之政。

与儒家不同的是，道家主张治国要"不仁"。老子说："天地不仁，

以万物为刍狗。圣人不仁，以百姓为刍狗。"刍狗就是草扎成的狗。老子认为，天地对万物没有仁爱，只是让他们自在生长。治国也是一样，仁爱是没有意义的，应该无为而治，既不爱谁，也不不爱谁，社会就不会有纷争了。

爱（愛）

仁者爱人，仁爱的"爱"本来写作"㤅"（ài），作恩惠讲。"㤅"是形声字，上面表音无实义，下面表意，表示对别人要用心。为政讲仁爱，就是对百姓要施加恩惠。

"爱"（愛）的小篆上半部分是"㤅"，表音。下半部分是一只脚，表义。本义是拖拖拉拉走不快，与仁爱、爱心毫无关系。后来"爱"被假借去表达仁爱的意思，"㤅"字就被废弃了。

有人说，繁体字的"愛"比较高明，因为中间有一颗"心"。其实，按照刚才讲的，"爱"是个假借字，字形与字义并无直接的关系。倘若非要论其字形的话，"愛"虽然有一颗"心"，却还多了一只莫名其妙的脚。"爱"虽缺了"心"，底下的"友"字也颇能见感情。总之，繁体简体各有其趣味吧。

儒家讲爱人，主张由近而远。先爱自己家里的人，再爱身边的人，最后爱天下人。孟子说："老吾老以及人之老，幼吾幼以及人之幼。"先爱自家的老人孩子，再将这份爱推广到陌生人去。因为爱身边人是真切的、感性的，爱陌生的人是抽象的、理性的。儒家比较看重真切、务实的情感体验。而且，爱自己的父母、兄弟姐妹、子女比陌生人多些，也是人之常情。但是墨家就主张兼爱，"兼"是一只手拿着两束稻谷，兼爱就是都要爱，平等地爱每一个人，不分亲疏远近。这就惹得孟子非常气愤，把父母亲人看得和陌生人一样，这没人性啊！所以孟子就骂墨家是禽兽。

悉、爱

公、私

"私"本来写作"厶"。"厶"是双手环抱的样子，手臂和胸口正好形成了一个三角形。这是一个把财物抱在怀里的形象。韩非子解释说，"厶"就是"自营"，即为自己谋利益。

中国人追求"天下为公"，治国为政要秉持公心，讲求大公无私。"公"是会意字。上面的"八"，小篆恰好是形势相背的两笔，所以"八"代表相反。把"八"加在"厶"上面，表示与私相反，不为自己谋利，这就是"公"。

关于公和私有个笑话。西晋的第二位皇帝晋惠帝，据说是个傻子。有一日，他听见园林中青蛙叫个不停，就问大臣："这青蛙是为公而叫，还是为私而叫？"想来，晋惠帝是记住了一个道理：凡是忠心的臣子都是事事为公的，凡是奸佞的臣子便是事事为私的；凡事要么出于公心，要么出于私心。那么这青蛙是为公还是为私呢？也难为那些当臣子的了，有人回答说："这个好区分，凡是在公家场所鸣叫的就是为公，凡是在私人场所鸣叫的就是为私。"这一番回答，乍一看是废话文学，仔细品味也未必没有弦外之音。

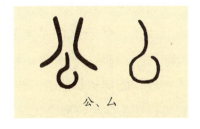

公、厶

为（爲）

"为"（爲）的甲骨文，是一只手牵着大象。古代中原地区温暖，有大象生活。河南自古就有豫州的称呼，"豫"就是人牵着大象的形象。古人有用大象来耕地劳作的。所以，"为"就是有作为、去劳作。许慎解释"为"，没有甲骨文材料的支撑，认为"为"是猕猴的象形，猕猴多动，故而"为"是有所作为的意思，这就牵强了些。

无论道家还是儒家，治国都追求无为。老子主张"无为而治"，治国不应违背自然规律，不能任性妄作，要对百姓减少干预，让社会自然而然地发展；儒家讲的无为，是说国君要多修德，做好表率，理顺礼仪秩序，抓好人事问题，但不要对臣下的具体政务随意插手。孔子说，舜就是无为的典范，他治国，"恭己正南面而已"，"恭己"就是修德，"南面"是说南面为君，因为君王是背北朝南的，"正南面"就是说他能整顿好君臣秩序，这样就可以垂拱而治了。

为（小篆）、为（甲骨文）

法（灋）

先秦的治国思想，大行其道的还有法家。"法"（灋）是会意字，左边三点水，代表法的基本精神——公平，像水一样平。右上是"廌"（zhì）字，廌是一种神兽，后代称之为"獬豸"（xiè zhì），它头上有独角，通神性，能辨是非曲直。传说古代断案，悬而不决的时候就请出廌来，它可以一头撞翻奸邪之人。右下是"去"，表示将奸邪之人去除。所以，

法治是不讲情面的。

不过，法家思想实际上是一种专制集权的思想，与今天的法治性质是不同的。古代的法，其内容多是一些刑罚的准则，本质是君王统治天下的工具。汉武帝手下的张汤，武则天手下的来俊臣、周兴，都善于搬弄法条，罗织罪名，古人称之为酷吏，就是皇帝的爪牙、打手。有个成语叫作"舞文弄墨"，原意就是指曲引法律条文来作弊。今天研究古代的法家思想，就要注意取其精华去其糟粕了。

獬豸

图书在版编目（CIP）数据

汉字春秋：汉字里的中国文化 / 王强著 . -- 北京：
中国人民大学出版社，2024.10. -- ISBN 978-7-300
-33264-2

Ⅰ. G634.303

中国国家版本馆 CIP 数据核字第 2024AA3211 号

汉字春秋

汉字里的中国文化

王　强　著

Hanzi Chunqiu

出版发行	中国人民大学出版社			
社　　址	北京中关村大街 31 号		**邮政编码**	100080
电　　话	010 - 62511242（总编室）		010 - 62511770（质管部）	
	010 - 82501766（邮购部）		010 - 62514148（门市部）	
	010 - 62515195（发行公司）		010 - 62515275（盗版举报）	
网　　址	http://www.crup.com.cn			
经　　销	新华书店			
印　　刷	北京宏伟双华印刷有限公司			
开　　本	720 mm × 1000 mm　1/16		**版　　次**	2024 年 10 月第 1 版
印　　张	11.75 插页 1		**印　　次**	2024 年 10 月第 1 次印刷
字　　数	134 000		**定　　价**	59.00 元